U0135087

世界妖怪圖鑑　奇幻動物

世界妖怪圖鑑
奇幻動物

朱莉・迪爾夫 ◎ 著
溫詩媛 ◎ 譯

目錄

Annuaire

Chapitre I
飛行生物

Chapitre II
陸生生物

Chapitre III
地下生物

目 錄

Annuaire

Chapitre IV
海底生物

Chapitre V
混種生物
——真假參半的生物

陷入沉睡的理性孕育了妖魔鬼怪。

——法蘭西斯科・德・哥雅《隨想集》43頁 1797—1798年

陣陣狂風席捲著不可思議的群魔而至，有腳下踩著鱷魚頭的狍子，蛇尾貓頭鷹，虎鼻豬，驢臀馬，像熊一樣毛茸茸的青蛙，壯如河馬的變色龍，一隻在流淚、另一隻在哞哞叫的雙頭牛，還有以肚臍眼為中心不停旋轉的四腳嬰兒，腹部長有翅膀像小蟲子一樣飛來飛去的人。

牠們紛紛從天而降，從地裡鑽出來，從岩石裡蹦出來。到處都是發著光的眼睛，吼叫的聲音，挺起的胸膛，前伸的爪子，嘎吱作響的咬牙聲，肉搏的衝撞聲。有的在分娩，有的在交配，還有的在互相吞食。

——古斯塔夫・福樓拜《聖安東尼的誘惑》1874年

奇幻動物在哪裡？

古今中外的人們，對奇幻動物始終充滿了好奇心。在國外，無論是古希臘神話、古羅馬神話，還是各個國家的動物寓言中，都記載了真假難辨的奇幻動物。還記得小說、電影或遊戲中的奇幻動物嗎？《哈利．波特》中的噴火龍、獨角獸、三頭犬，《魔戒》中會走路的樹人，《納尼亞傳奇》中牛頭人身的巨人，還有《魔獸世界》中造型怪異的各種怪獸。

在中國，有《山海經》、《搜神記》，有神話故事、民間傳說，龍、鳳凰、麒麟、貔貅等都成為傳統文化中備受關注的動物。其實中國文化中還有很多奇幻動物存在，這些動物與西方傳說中的奇幻動物有妙不可言的聯繫。《山海經》中的延維和西方神話中的奧羅波若蛇都是雙頭蛇，都有兩種思想，牠們生活在矛盾和鬥爭當中，互不相讓。中國的麒麟和西方的獨角獸也很相似，最明顯的是頭上獨角的特徵，其次是都能夠抵禦猛獸。西方的獨角獸還會誘騙小孩，更有奇幻色彩。東西方文化中都有龍，但是牠們的屬性卻大相徑庭：在中國，龍是一種祥瑞的圖騰，也是十二生肖之一，在封建社會甚至是帝王的象徵；而西方神話中的龍，視財如命，血腥殘暴，可以說是邪惡勢力的代名詞。

也許你會覺得，這些時而有趣、時而令人恐怖的動物，都只是想像力的產物，那你可能沒有感受過西方人對奇幻世界的嚮往。他們不僅相信這些生物的存在，還為了找到這些奇幻動物付出了巨大的努力。

在西方人的思維中，世界就是需要不斷去探索的。他們喜歡冒險和挑戰，總是希望在世界上尋找到更多從未見過的印記。於是他們跋山涉水，到人跡罕至的荒漠、森林、大峽谷，在這些無人涉足的地方，試圖尋找到一個全新的世界。這些探險家或神祕動物學家發現，他們在人跡罕至的地方總是能遇到奇怪的事情：有的時候會聽到奇怪的叫聲，有的時候會看到巨大的鳥兒飛過，有的時候會遭受到猛獸的襲擊。他們在探險的過程中也在重新認識這個世界，試圖從原有的現實背景中尋求更加瑰麗的奇幻世界。他們會遇到危險：可能被體形巨大的楠達虎襲擊，可能被吃人怪──狼人撕裂；但是也可能遇到有意思的事情：和狡猾的狐狸鬥智鬥勇，和鹿角兔在篝火旁一起喝酒……

這本書將奇幻生物分為五個類別，分別是：飛行生物、陸生生物、地下生物、海底生物和混種生物。對於一些生物能夠根據牠的生長環境直接確定牠的分類；但是也有一些邊界模糊的生物，讓人們覺得不知如何理解；有的甚至根本就是人們臆造出來的。書中不僅羅列了牠們的特點、食物結構、地理分布，更重要的是呈現了各種新奇可愛的故事，比如說，神豹的身上會散發異香；濕眶克在被獵人抓到之後會不斷哭泣，最終將自己變成眼淚；達胡只會朝一個方向走；植物羊是從植物身上長出來的……這些故事都引導著我們，去瞭解一個完全不同的奇幻世界。

人們樂此不疲地探索這些奇幻生物，就是希望能夠在原本有限的世界中，看到更加瑰麗的奇幻世界。這本書充滿了原始的、幻想的和超自然的力量，充滿了現實與想像的交融，詩意與奇幻的碰撞。這不僅僅是簡單的獵奇，在奇幻文化的世界中，還有著重要的意義。它表現了人們對世界起源、自然現象和人類生活的一種理解，帶有刺激性卻又不失天真的一種理解。

真實的自然與怪力亂神

與真實達成的協議

所有動物論著、動物圖畫集以及自然史的作者都一心想維持作品的科學性，盡力避免出現神話與傳說，但他們的作品總是無法避免地虛構生物。就連反對創造虛假動物的亞里斯多德①也曾在他的書中提到過傳說中的一種動物——蠍獅。除此之外，他還描述過火蜥蜴。人人都深信他的說法，認為火蜥蜴可以滅火。古羅馬作家老普林尼②在作品中用大量的篇幅描寫了這些有異常本領的奇幻生物，比如阿契里斯——一種站著睡覺的馬，牠會邊倒著走邊吃草。十六世紀時，康拉德·格斯納③對神話動物的存在提出了質疑。他將所有神話作品中出現過的生物，按照字首的順序排列，以固定的八個方面去歸納總結，分別是：名字、地理分布、生活習性、生理特點、實用性、藥用價值、神話故事、相關俗語以及象徵意義。但是這部作品只停留在編纂、歸納知識的層面，並沒有對這些生物的真實性進行考

---

① 亞里斯多德（前384—前322），古希臘哲學家、科學家和教育家，堪稱希臘哲學的集大成者。此處提到的他的著作為《動物史》。

② 老普林尼（23—79），古羅馬百科全書式的作家。此處提到的他的著作為《自然史》。

③ 康拉德·格斯納（1516—1565），瑞士博物學家、目錄學家。他的五卷本巨著《動物史》涵蓋廣泛，且配有精確的插圖，被認為是動物學研究的起源之作。

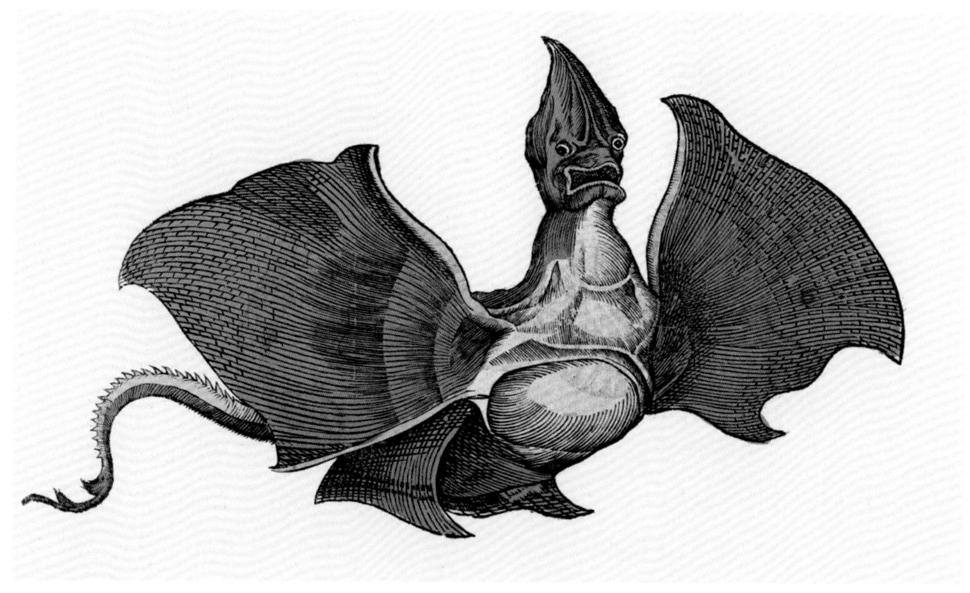

▲《人造海怪》康拉德・格斯納《動物史》1558年 義大利米蘭布萊登斯國立圖書館

據，所以還不小心推廣了一些由來已久的「謬誤」。紀堯姆・龍德萊①雖然對這些奇幻生物的存在保留意見，但他仍然在《魚類的歷史》中加入了一些可疑的生物，並讓插畫家們給牠們增添了不少色彩，讓牠們顯得更加奇幻。烏利塞・阿爾德羅萬迪②也用同樣的方式在書中再現了奇幻生物粗略的畫像，有些荒唐，也有些具有一定的科學性。對於所有作家來說，自然史理所當然地應該收錄歷史上出現過的所有自然生物，包括那些看起來很不符合常理的生物。

在啟蒙時代③到來之前，人們很少直接觀察自然。人們經常從作家及其作品中瞭解自然，但那些作家也不過是從別人那裡聽說的。總而言之，

① 紀堯姆・龍德萊（1507—1566），法國自然學家，其著作為《魚類的歷史》，1554年出版。

② 烏利塞・阿爾德羅萬迪（1522—1605），義大利博物學家，其著作有《龍蛇的自然史》，出版於1640年；《歷代動物志與怪物志》，出版於1642年。

③ 啟蒙時代，又稱理性時代，是指在17世紀及18世紀歐洲地區發生的一場知識及文化運動，該運動相信理性發展知識可以解決人類實存的基本問題。

人們接近自然的方式是紙上談兵，通過一堆所謂證據鑿鑿的書信去瞭解自然。在這個過程中，編造的傳言取代了真實，創造了所謂的現實，而這些現實通過大家的口耳相傳，演變成不同的版本。不同的聲音或相斥或相融，形成了一塊蒙在真相上厚厚的布。科學思想的鎖鏈環環相扣，就像接力比賽一樣，從這隻手轉到另一隻手。但不同的是，每交接一次，它就失去一環，而不是增添一環……所有的作家與畫家在創作時總會抄襲別人眼裡的自然，他們僅僅根據記載的古畫，甚至「一塊從開普頓帶回來的獸皮」，就開始重建自然。就像阿爾特．沃斯瑪埃爾①在評價某些作家對非洲扭角林羚的描寫時說的：「我們看到的那張走樣的臉，很有可能是精準地按照真實的臉畫的。也就是說，這是銅版畫的寫實。但是我們也不能過於信賴這種權威，因為可以看到有人在扭角林羚的耳朵後面增添了尖角，有人給牠加了山羊鬍，以及其他無中生有的東西！不過有一點是可以確信的：牠的下巴長滿了長長的鬍子。」

前赴後繼的作家總是有意無意地遺漏了一些解剖學上的細節，將百科知識和所謂親眼所見的東西混為一談，這樣就形成了唯心的思想，呈現出來的也不是客觀的自然！幻想與現實交相輝映，相互轉化，相互改造，兩者邊界的缺失導致了物種的大混亂。從猶豫不決的猜測到簡單粗暴的確定，自相矛盾接踵而至，一切都彷彿成了一種模糊的藝術。秩序與嚴謹向魔法、抒情、愜意的文字以及創造力敞開了懷抱。

明暗之爭

布封②在《自然史》中揭露了作家喜歡胡言亂語的現象，並強烈抗議這種失去控制的文字，希望人們能用經驗與觀察充實作品。他呼籲道：「要先收集有事實依據的基礎材料，而後再形成思想。」他的目的很簡單：劃定界限，約束作家天馬行空的文字。在《光明》中，他同樣提到了神話的

---

① 阿爾特．沃斯瑪埃爾，著有《東方印度和西方珍稀四足動物、鳥類以及蛇類精裝集》，出版於1804年。

② 布封（1707—1788），法國博物學家、作家，其著作為《自然史》，出版於1749年。

▲《海怪食人》康拉德．格斯納《動物史》1558年　義大利米蘭布萊登斯國立圖書館

愚昧，強調科學的邏輯，嚴正反對蒙昧主義[1]，反對迷信古老的思想體系。相對於空想、幻想，布封更喜歡觀察、運算與沉思。他還提倡應該將自然純粹化，讓其擺脫人類的影子。因為人類生活在真實客觀的自然當中，要在眾說紛紜的迷宮中抓住迷失的真相，否則真相將湮沒在千言萬語中。所以要擺脫所有的偏見，不帶目的地去觀察，才能夠得到自然的真相。

布封以及與他同時代的作家其自然歷史觀與啟蒙時代的哲學思想如出一轍，均講究以理服人，他們組織、概括、分類、比較、區別那些明確經得起考驗的事實與虛構的文字。布封遵循著狄德羅[2]定義的理想模式：「觀察自然，思考自然，總結經驗！用觀察收集事實，用思考整合事實，用經驗驗證

① 蒙昧主義，是一種腐朽倒退的思想。它貶低和抹殺人類理性思維能力，否定科學知識，或者宣傳不可知論，或者與信仰主義和神祕主義結合在一起，企圖使人民永遠停留在愚昧無知的狀態，以便反動統治者為所欲為。

② 德尼．狄德羅（1713—1784），法國啟蒙思想家、唯物主義哲學家、作家，其著作為《哲學沉思》，此處為他的第十五次沉思。

結果。」他想瞭解一切，將一切歸類，認識一切。他渴望思考一切，同時懊惱自己不能掌握更多的知識。他指出錯誤，希望可以消滅錯誤，遠離謠言並嚴謹地分析事實。他認為，解決疑問最好的辦法，就是重新審視事實，反復多次檢驗。但矛盾的是，這樣做似乎導致了另一種混亂。因為不詳新物種的發現總是迫使我們急匆匆地發明一堆新的名字，甚至創造一些名義上的物種，這種臆想便造成了混亂：「破碎的文章，斷章取義的做法，充滿歧義的文字充斥著整個自然歷史。」

啟蒙時期的自然學家有一個共同的目標，那就是鑑定存在的事物，去除不存在的事物。他們一邊警告著讀者要小心，一邊努力尋找帶有欺騙性的文字，但是這些自然學家似乎總是做不到。人們在林奈[①]的作品中找到了關於植物羊的記錄，這是一種莖稈上長著羊羔的動物性植物，它被作者列為現實生物，卻沒有人提出其中有什麼不對。嚴謹治學的巨輪在另外一些地方也觸礁了，托馬斯·巴托林[②]憑藉自己的記憶，花費大量的時間撰寫關於哺乳動物解剖學的著作，在他的生命盡頭出版了一本奇書《獨角獸》，裡面收錄了他在旅途中遇到的所有獨角獸。而約翰·約斯坦[③]在談論到蛇的時候，將牠們分為兩類，一類是普通的小蛇，一類是龍。直到十八世紀，人們還始終相信動物的魔力，相信混種生物的存在，認為不同物種之間可以進行交配。謬誤總是經久不衰、魅力不減，作家對於引用神話故事也總是樂此不疲，哪怕是為了否定它的存在。神話總是不停地施展著它的魔法，像被「感染」[④]的根莖在科學的土壤裡不斷蔓延。從個人謬誤到總體的偏見。這種連鎖反應產生了煉金術般的效果，將奇幻生物的魅力增大十倍甚至百倍。當神話變成這樣一種誘惑時，我們就跟布封一樣，「幾乎要努力去相信了……」

① 林奈（1707—1778），瑞典自然學者，現代生物學分類命名的奠基人。其著作為《自然系統》，出版於1735年。

② 托馬斯·巴托林，丹麥解剖學家，其著作為《獨角獸》，出版於1678年。

③ 約翰·約斯坦，其著作為《蛇類自然史》，出版於1667年。

④「我們認為應該把它們記下來，為了展示科學錯誤到底有多強的感染性，不可思議的東西魅力到底有多大。」——布封。

萊布尼茲①在悲嘆神話的時候，承認我們厭惡理性，更喜歡幻想，於是籠罩在黑暗之中的神話回歸了。巨人、狒狒、長著羊蹄的人、鳳凰、龍、格里芬、獨角獸、雙頭鵝、白獅、巨型蝸牛……面對這些生物，讀者讚嘆不已，旅行者則滿懷熱情地踏上了尋找新世界的旅途，希望可以近距離地觀看那些神奇生物的所處之地。記載奇幻動物的傳統以及對超自然的崇拜永遠不可能被埋葬，它生生不息，就像鳳凰一樣一次次浴火重生。

黑暗的勝利——怪力亂神的勝利

數千年來，自然史不斷地被重寫，新物種也不斷地被發現。我們記錄下能定義的東西，把它們當成現實。而作家們也拼湊著這些現實，利用不同的部分形成新的整體，而新的整體又將遠遠大於所有拼湊的部分。一切就像分散的拼圖，被藝術性地重組。因為散落的拼圖可以不停地被替換，所以被創造者拼出來的生物也跟著變幻莫測，既不完全相同，也不完全相異。駝豹就是這樣的：「這種動物（其實是長頸鹿）有著駱駝的頭，馬頸，人腳，尾巴，牛腿；身上有紅色的斑點和白色條紋，老普林尼將牠命名為駝豹。」②就是因為不同的解讀，活著的生物也變成了「奇怪的生物」，甚至成了「不可能的怪物」③。還有一些生物，游離在兩個世界之外，或在兩個世界之間。比如動物性植物，「它們身上既有動物的屬性，也有植物的屬性」④；飛蛇則「長著蝙蝠的翅膀，龍的身體，還有尖牙利齒和可怕的眼睛」⑤；還有一種奇怪的鯉魚，「身體是鯉魚的身體，但拱

① 萊布尼茨（1646—1716），德國哲學家、數學家，歷史上少見的通才。本段節選於《與萊布尼茨的通信集》中的<第五封反對信>，出版於1716年。

② 出自阿爾特．沃斯瑪埃爾。

③ 出自布封。

④ 出自紀堯姆．龍德萊。

⑤ 出自皮埃爾．貝隆（1517—1564），法國博物學家，其著作為《在希臘、亞洲、猶太、埃及、沙特和其他陌生的國度發現的奇異事物以及難忘的回憶》，出版於1588年。

▶《怪物》烏利塞．阿爾德羅萬迪《歷代動物志與怪物志》1603年 波隆那大學圖書館

71.

形的頭卻跟海豚的頭一樣」[①]；還有海狸，看起來就像一堆不協調的東西拼湊起來的，牠們急急忙忙地在巫師的熔爐裡組合而成：「牠有著老鼠的頭、眼睛和牙齒，野兔的下頜，水獵狗的嘴，猴子的前爪，鵝的後掌，魚的尾巴，但是牠身體內部的構造卻像一頭豬的內部構造。」

這些生物是如此混雜，衍生的數目是如此龐大，以至於很難界定牠們的種類。最明智的作家也不得不承認這個事實：「我們自然的系統現在是不太正確的。」混種生物打破了秩序，牠們既重組了被分類學打亂的物種，又打破了被分類學組合在一起的生物。這是一種隱祕的反叛，是對自然進化的革命。分類學就像被暴風雨重創的船身，海水即將破船而入。生性暴躁的野獸回應著文明開化的物種。超自然的科學取代了自然的科學，成為容納一切可能性的缺口。人類、動物和怪物的界限變得模糊，差異性與超自然融合在一起。動物集裡的奇幻動物不再以牠們本來的面目出現了，而是以我們所知的樣子出現。牠們背負著重大的意義，展現了一個別樣的、激進的、美妙的現實。人們看一眼就忍不住想看第二眼，讓人望眼欲穿，直到它慢慢變成化石，然後埋藏、保存在想像的琥珀裡。

在《簡明實用生物學》序言中，雷[②]強調了自己作為批判觀察者的任務，一如既往揭露可能存在的假象。他說，荷馬已經沉睡過幾次，偉人的沉睡將孕育出甜美的夢。但事實上，「人類現在可能需要秩序和光明，他們也有可能最終厭倦理智與光明」[③]。如果人類需要理智，說不定人類更需要相信奇幻動物的存在！希望理智能沉睡，黑暗在日落後降臨，帶來夢幻與聞所未聞的野獸。那些在我們的動物集裡出現的生物就像夢的承諾，牠們在微弱的燈火中搖曳著，跳躍著，像琥珀裡閃閃發光的化石吸引著孩子，躲在他們的被窩裡。

---

① 出自紀堯姆．龍德萊。

② 普雷卡爾．奧古斯丁．菲迪爾．雷，其著作為《簡明實用生物學》，出版於1788年。

③ 出自戈特弗里德．威廉．萊布尼茨。

►《怪物》烏利塞．阿爾德羅萬迪《歷代動物志與怪物志》1603年 波隆那大學圖書館

Monstro tribus capitis nempe Dracontino, Aquilino et Volpino corpore squamoso instar draconis Abuno latere brachium humanum cum manu ab altero aquilinum pedem habet mammas humanas caud: am lon̂inam, pedes quatuor omnino diversos leoni= num unum humanos duos reliquum anserinum, tribus digitis preditum. Monstrum hoc Amphybiæ naturæ versabatur in Ægypto iuxta Nili ripam homines aliaq; ammantia devorans.

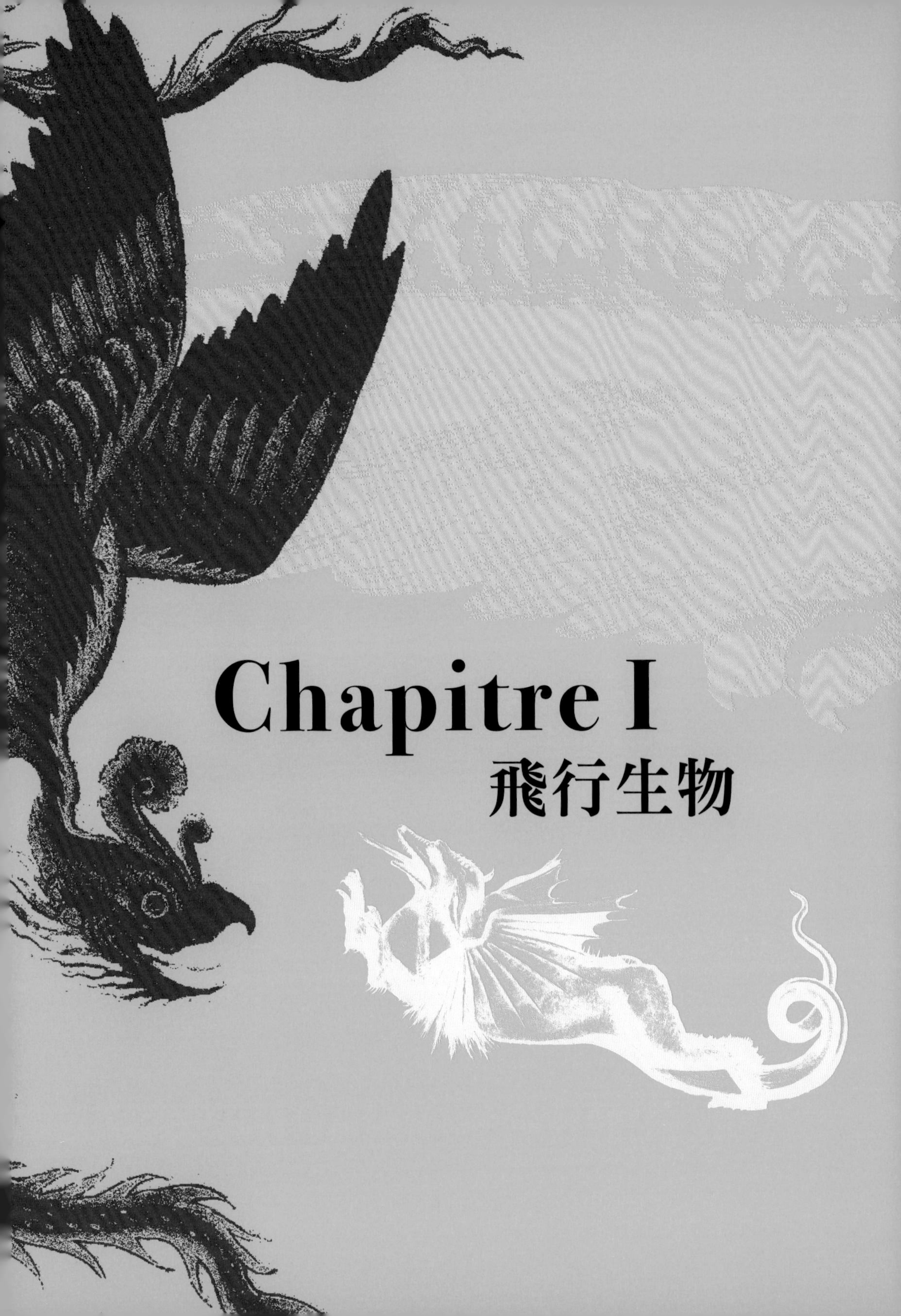

Chapitre I
飛行生物

Créatures aériennes

Dans le secret des passeurs ailés

飛行使者的祕密

人們往往把鳥類與宇宙自然、天機奧祕聯繫在一起，因為牠們連接著兩個世界，給陸地上的人們傳達著來自上天的旨意。古代自然學者會把鳥類與日月星辰聯繫起來，試圖解釋神祕的自然現象，並化解那些不可控力所帶來的威脅。這一點我們可以從十八世紀法國博物學家布封的《自然史》中看到，「雲雀與某些星座相剋；白鸚每次產卵都是四枚，這剛好對應月相的變化次數。」所以從一定程度上來說，白鸚便成為月亮的化身。[①]

人們密切關注著鳥類，因為牠們與星辰蒼穹有著直接的接觸，牠們的一舉一動都能預示天氣的變化，牠們成為人類生活不可或缺的寒暑表。民間的智者觀察著牠們的舉動，嘗試著詮釋牠們之間的關係，最終學會了預測天氣。人們發現，當松雞立於樹冠之上或者新抽芽的樹枝上時，將會有一個好天氣；當牠蜷縮在樹上時，天氣會變糟糕。在書中，布封沒有反對這種解釋，而是努力尋找證據，讓這種解釋更可靠，更科學。他說：「如果這些解釋與鳥類的自然本性相違背的話，我是根本不會提出來的……牠們極其容易受天氣的影響，因此牠們對於天氣的敏感度是不會錯的，必要的時候我們也可以通過牠們來預測明天的天氣情況。」

除了上述松雞預測天氣的例子外，《自然史》中還有一些其他的實例。其中有一條是民間流傳關於鳥類飛行的解讀：「山裡人通過鳥類的飛行方式來預測天氣，如果鳥兒飛得高，那麼天氣會轉冷；如果鳥兒飛得低，那麼天氣會回暖。」為了克服未知的上天給我們帶來的恐懼，人類不懈地努力，但可怕的黑色區域仍然存在。在我們無法企及的另一個世界裡，還有很多我們未解的東西。在這個未知世界中，想像在其中架起了橋梁；人類創造出各種奇形怪狀的飛行生物，讓空氣中充滿朦朧神祕的氣息。

---

① 布封在引用基督教徒，亞歷山大城的克萊曼特之古希臘文字時，加上了一句話：「此鳥的羽毛黑白相間，象徵著月亮的陰晴圓缺；而且根據普魯塔克的說法，那樣子看起來就像黑夜裡的一輪新月。」

格里芬體形比八頭獅子或者百隻老鷹還要大，力量比八頭獅子或者百隻老鷹還要強。牠可以輕易地抓起一匹馬連帶馬背上的人，或者兩頭套上犁的壯牛，因為牠的利爪跟角一樣長，展開的翅膀就如同參天大樹。

Le griffon

格里芬獅鷲——高貴之鳥

名字：格里芬、格里普

翼展：5~6公尺

特點：喜愛收集寶石

食物結構：食肉

地理分布：埃及、美索不達米亞

棲息環境：高山、沙漠、懸崖

◀《拯救安潔麗卡的羅傑》尚・奧古斯特・多米尼克・安格爾　1819年　巴約訥博納博物館

格里芬在中世紀所有的飛禽走獸中居高臨下，散發著最高貴的氣息。鷹頭、獅身這兩種耀眼形象的疊加讓牠的能力倍增。牠比八頭獅子還要壯，巨爪如牛角一般堅硬，碩大的尖喙比雄鷹還銳利。牠的雙翼展開可達六公尺長，騰空而起的時候，速度比最強壯的鳥類還要快百倍，捕食大型獵物根本不在話下。傳言牠可以輕易地抓起一匹馬連帶馬背上的人，然後再飛回巢穴慢悠悠地享用。

捕獵者一去不復返

格里芬遠離人類，聚集在最陡峭的懸崖邊上。只有最勇敢的猛士或者隱世獨立的人才有可能靠近牠們。曾經有一個膽大的獵人三番五次想嘗試獵捕一頭巢穴裡的小格里芬，但他一路上要面對各種艱難險阻：他既需要確定巢穴的位置，還要攀爬陡峭的懸崖。就算做到了這些，最終還要面對怒火沖天的雌雄雙鷲……再說下去也沒有必要了，因為史書上並沒有獵捕成功的記載。

光輝形象

格里芬擁有令人生畏的力量，但是牠的力量只用來為世界造福。與臭名昭著、四處作惡的龍[①]相反，格里芬獅鷲心靈高尚，勇敢無畏，有強烈的正義感。牠永遠不會做壞事，也永遠不會濫用牠的力量。在中世紀貴族家族的徽章設計中，獅鷲成為深受人們青睞的圖案；在大教堂的石頭上也有不少獅鷲的精美圖案。鷹頭、獅身這兩種耀眼形象疊加在一起，某程度上掩飾了牠如閃電般強大的破壞力。另外，牠天性愛好收集金銀珠寶，傳言牠們用這些金銀珠寶建造巢穴。那麼這種行為更像老鷹還是更像喜鵲呢？

① 西方文化中的龍，總是作惡多端，以負面形象出現。

▲《格里芬與獵物》哈雷女士《拉丁動物寓言集》大英圖書館

L'hippogriffe

駿鷹──口噴烈焰的殘暴飛馬

名字：駿鷹、鷹馬
翼展：不詳
特點：口噴火焰
食物結構：雜食
地理分布：波斯
棲息環境：高山

駿鷹這種動物並不是中世紀才被正式命名的，早在古希臘、古羅馬時期，人們就知道這種動物的存在。從名字上我們就可以得知牠的血統，父親是格里芬獅鷲，母親是馬。①義大利中世紀的詩人阿里奧斯托在長篇傳奇詩《瘋狂的奧蘭多》中提到，「駿鷹繼承了父親的羽翼、前爪、面孔和尖喙，其餘的部分則來自母親。」詩人覺得這是個愛情的奇蹟，因為獅鷲向來鄙視馬類，牠們的結合絕非尋常，這就是著名的拉丁俗語「*Jungentur jam grypes equis*」（讓獅鷲和母馬交尾吧）的由來。這句話和中世紀流行的一句諺語意思相近──當母雞長獠牙的時候，換句話說就是太陽從西邊出來了！

愛情的奇蹟

不凡的愛情造就了無與倫比的駿鷹。義大利中世紀詩人阿里奧斯托這樣描述駿鷹：「在戰鬥時，駿鷹展開雙翼，以風馳電掣的速度向前衝，烈焰從牠的嘴裡、鼻子裡噴薄而出。牠的速度讓疾風利箭、落地驚雷都難以望其項背。」駿鷹可以輕而易舉地踏平一個國家，其驚人

① 駿鷹的法文名字為L'hippogriffe，從法文詞源中就能夠看出駿鷹的血統。

駿鷹是一種已經滅絕的半馬半格里芬生物。格里芬本身也是混種生物，半獅半鷹。因此，駿鷹有四分之一鷹的血統。動物學的研究總是處處充滿驚喜。

——安布羅斯．比爾斯《魔鬼辭典》1911年

◀《羅傑與安潔麗卡》歐仁·德拉克洛瓦 1860年

的破壞力讓被迫與其作戰的人類聞風喪膽。傳說最終有一個旅行者撫平了牠的怒火，將「這口噴烈焰的殘暴飛馬」①馴服。最後他坐於駿鷹的雙翼之中，消失在繁星裡。

一旦將其馴服，一切皆有可能

儘管駿鷹性情殘暴，但相比於獅鷲其實更易於馴服，經常有勇敢的巫師或者騎士將其馴服。一旦將其馴服，一切皆有可能。不管真實與否，伏爾泰就是這麼幻想的，他曾在《哲學辭典》中提到：「我們已經跑到了日本蝦夷島②，跑到了東京，還有美國的加利福尼亞；如果有駿鷹的話，我們將跟著阿斯托爾福③一起奔向月球。」如果駕著駿鷹可以輕易到達月球的話，那麼毫無疑問，駿鷹可以完成更加世俗的任務，就像賽維涅夫人在《書信集》中所說：「如果可以的話，我要乘著駿鷹來到你身邊，跟你聊聊天，說說最近格里尼涅還有福爾班這兩大家族在當地鬧的笑話。」

---

① 摘自以法蓮·米迦勒的作品《詩集》，1890年出版。

② 蝦夷，為日本北海道的古稱。蝦夷是指當地人的毛髮長如蝦鬚。

③ 在阿里奧斯托著名作品《瘋狂的奧蘭多》中，阿斯托爾福駕著駿鷹到了月球。

Le garuda

金翅鳥──神通廣大的正義之鳥

名字：金翅鳥、迦樓羅、大鵬鳥、大鵬金翅鳥

翼展：20公里

特點：長生不老

食物結構：食肉（專食蛇類動物）

地理分布：印度、印度尼西亞、緬甸、菲律賓、蒙古國、中國、日本

棲息環境：高山之巔、海上

金翅鳥，又稱迦樓羅，是一種體形龐大的猛禽。牠長著人面鳥嘴，羽毛像金子一樣光彩奪目，兩翼之間的距離至少為20公里，因此人們也叫牠大鵬鳥。金翅鳥拍一下翅膀，頃刻間滄海化為桑田，躲在水裡的群龍也被打得落花流水。牠熱衷於重新思考地勢高低，隨意地移動世界表面。牠神通廣大，可以隨意變大變小，甚至還可以隱身。有一些金翅鳥還可以以人形現身接近人類。

大鵬鳥

古印度史詩《摩訶婆羅多》中，講述了金翅鳥的母親毗娜達的故事。牠的姊姊是蛇族之母迦德廬，毗娜達與姊姊打賭輸了以後，淪為了姊姊的奴隸。於是金

►《毗濕奴和拉克希米騎金翅鳥》印度縮圖 十八世紀

金翅鳥力大無窮，其雙翼可以遮天蔽日。然而，一個脆弱且不堪一擊的人，在此龐然大物前，竟可以巧妙地扭轉懸殊的力量，在金翅鳥睡著的時候悄無聲息地躲到牠的羽翼下。

▲《神鳥—岩鳥》雕刻　弗里德里希．賈斯汀．貝爾圖希《兒童相冊》1792年　柏林歷史藝術檔案館

翅鳥驚慌失措地來向蛇族求救。蟒蛇貼耳小聲告訴牠，如果牠想解救牠的母親，就只能奪取天神的仙露。但是那裡有兩條有劇毒的大蟒蛇看守著，還有熊熊烈火圍著。金翅鳥隨即動身，牠張嘴吸了幾條長河的水，一口把火撲滅了，把蟒蛇也沖得粉碎。在回去的路上，金翅鳥遇到了天神因陀羅，牠答應天神只要蛇族之母把牠的母親放了，牠就立刻把仙露搶回來。作為交換，天神也答應牠從此以後可以專食蛇族。金翅鳥拿著仙露來到蛇族的巢穴，牠母親很快就獲得了自由。蛇族打算淨身後再享用仙露，這時天神卻趁蛇族不備把草叢中的仙露偷偷拿走了。從此以後，金翅鳥和蛇族成了誓不兩立的死敵。

蛇族對金翅鳥的忌憚

金翅鳥對蛇族恨之入骨，也可能是因為曾經與那伽蛇族血戰。那伽蛇族即龍蛇之族，牠們狡猾至極，十分凶惡。後來，那伽蛇終於找到了一個可以躲避金翅鳥攻擊的方法：牠們吞下重石，這樣金翅鳥便無法把牠們從地上抓起來。但是「正義終將戰勝邪惡」，有一個苦行者將牠們的陰謀告訴了金翅鳥。從此，金翅鳥捕捉蟒蛇時都會揪起蛇的尾巴，先逼牠們吐出石頭，再將其抓走。

Le sîmorgh

斯摩夫── 波斯神鳥

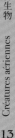

名字：斯摩夫
翼展：大如三十隻鳥
特點：長生不老
食物結構：食肉（蛇類動物）
地理分布：波斯、伊朗
棲息環境：水邊

斯摩夫（Le sîmorgh）在波斯神話裡類似於鳳凰與獅鷲，通過牠的波斯語名字可以得知牠身形的龐大，單詞前綴sî-表示數字30，morgh表示鳥，所以在波斯語中，斯摩夫是指體形如三十隻鳥大的大鳥。根據記載，斯摩夫是色彩斑斕的巨鳥，擁有一身濃密的羽毛。在另一些記載中，斯摩夫則是半人鳥── 人面鳥身，有著禿鷲的利爪、孔雀的尾巴。牠與眾不同的一點就是長壽。斯摩夫的壽命長達1700年，足以見證三次世界末日。當牠的生命走到盡頭時，將浴火重生。

知識鳥

關於牠的外貌記載不一，關於牠的居所更是眾說紛紜。有些人說斯摩夫把巢穴建在海中央，棲息在一棵名為韋斯普碧斯的樹上，此樹可以結出所有植物的種子；還有人說牠居住於波斯傳說中天堂的圖巴樹，即知識樹

群鳥置身斯摩夫的光輝中。無論生前做過多少好事抑或是多少壞事，一切都將在這神聖的時刻成為過去。在聖光中，新的靈魂迎面而來。群鳥看見了成千上萬的斯摩夫倒影，牠們就這樣突然來到了斯摩夫內心倒映的世界。

——內沙布爾的阿塔爾《百鳥朝鳳》（另譯《鳥的對話》）1177年

上。不管住在哪兒，牠都是天地間的飛行使者，是人類尋找自身來源的象徵。在傳說中，牠和鳳凰一樣，為了重生，義無反顧地投身烈焰之中。傳說斯摩夫還是人類的導師，牠引領人類克服重重困難，最終成為百靈之長、萬物之主。在斯摩夫的陪伴下，人類的靈魂得以擺脫世俗的牽絆，升入極樂天堂。

人類心靈之鏡

在十二世紀波斯詩人阿塔爾的《百鳥朝鳳》中，眾鳥尋找斯摩夫的過程占據了大量的篇幅。成千上萬的鳥兒齊飛，去尋找斯摩夫。鳥兒們朝聖的道路艱辛無比，持續了很多年，大部分鳥兒在途中不幸喪生。最後僅有三十隻鳥兒歷盡種種困難與考驗來到斯摩夫的面前，與斯摩夫合為一體。三十隻鳥兒，正好與斯摩夫的名字對應，象徵斯摩夫乃是靈魂的鏡子。

◄《希波克拉底尋藥》
土耳其細密畫 1650年
托普卡匹皇宮博物館

►《斯摩夫率領眾鳥》
波斯細密畫《五卷書》
1610—1611年 大英圖書館

L'olitiau

歐利提亞——飛行惡魔

1932年，一支動物考察隊深入位於喀麥隆腹地的阿桑波群山。隊伍中有博物學家伊萬．山德森，還有傑拉爾德．羅素，他們都是野生動物專家。他們每晚都在森林裡尋覓食果蝙蝠，希望獲得一些標本，以便詳實地記錄下牠們的特徵。一個晚上，突然有一隻龐然怪物向他們猛撲過來，憤怒地攻擊他們，隨後消失在黑夜中。他們記下了這次驚悚的經歷，並快速決定出發尋找這頭怪獸。得知此事後，當地導遊都驚呆了……

名字：歐利提亞、奧利提奧
翼展：3～5公尺
特點：膜翅、長長的鳥喙
食物結構：不詳
地理分布：喀麥隆
棲息環境：山上、潮濕的熱帶雨林

▶《驚恐的羽毛盛會》蝕刻畫
約翰．柯萊特　1779年
大英博物館

身分不明的飛行動物

回到西方以後，他們把這未知的生物描述成某種雜交動物，是有飛行能力的爬行動物、鳥和巨型蝙蝠的後代。牠們全身為黑色或深棕色，羽翼處為紅色，皮膚光滑沒有毛髮，長著翼龍的膜翅，鳥的嘴，還有蝙蝠的利

那隻鳥突然向我俯衝了過來。牠的嘴更像猴嘴，因為比起狗或其他爬行動物，牠的末端不是尖的。牠全身都是黑的，跟煤炭一樣，翅膀也暗淡無光。牠似乎沒有長毛，但不得不說大部分的蝙蝠被人抓在手裡時也這樣。

——伊萬．山德森《調查不明事件》1972年

齒。在這之後，開始流傳各種猜測，有人覺得這是翼手龍亞目的倖存者，6500萬年前成功地逃過了那場滅絕恐龍的災難。而根據伊萬·山德森的說法，牠更像巨型的蝙蝠，或許是馬來西亞大狐蝠屬，或許是亞洲蝙蝠和攻擊性強的非洲微型翼手目的雜交種。也許這龐大的蝙蝠可被稱為「蝙蝠之祖」。

非洲版的吃人怪

喀麥隆土著居民很早以前就知道歐利提亞的存在了。他們認為這是不祥之鳥，是飛行的惡魔。牠的身分不明，性情不定。與我們故事裡的吃人怪一樣，牠專門用來嚇唬老幼，讓所到之地皆籠罩在恐怖氛圍中。歐利提亞這個詞，在當地語言裡代表盛裝舞會上戴著魔鬼面具的舞者。

L'oiseau Roc

岩鳥——帶來日食的神鳥

岩鳥體形巨大無比，其野心也不容小覷。牠不滿足於捕食普通的嚙齒動物，對大象肉情有獨鍾。捕獵時，牠用利爪緊緊地抓住大象，撲騰一下便能飛回巢穴。牠的翅膀非常龐大，可以達到遮天蔽日的程度。馬可·波羅曾斷定，岩鳥的每根羽毛都差不多10公尺長，翅膀輕輕一扇便可捲起陣陣狂風。

名字：岩鳥、若克、路克
翼展：15公尺
特點：造成日食
食物結構：食肉（大象）
地理分布：喀麥隆
棲息環境：沙漠、島嶼

XXL號的鳥

「海上竟然有一座房子！」他喜出望外奔向上帝的神蹟，慢慢地穹頂的輪廓開始清晰起來。辛巴達來到建築物前，卻完全找不到入口，他奮力地圍著這寬40多公尺的巨大建築物打轉。突然，頭頂的太陽消失了。辛巴達瞪大了眼睛，看著岩鳥從遠處飛過來孵牠的蛋。

►《神鳥—岩鳥》雕刻　弗里德里希·賈斯汀·貝爾圖希《兒童相冊》1792年　柏林歷史藝術檔案館

根據見過岩鳥的人描述，岩鳥體形龐大，力大無窮，無須另一隻鳥的幫助就可以輕易抓起一頭大象，帶到高空，然後將牠拋下去砸個粉碎；接著岩鳥會跟著俯衝下去，用爪子撕碎大象的肉，大口地吞食美食，飽餐一頓。傳言說，岩鳥當中個頭大的展開雙翼可達15公尺，牠的羽毛根根均長達10公尺。

——馬可·波羅《馬可·波羅遊記》1556年

象鳥

十九世紀的一些生物學家認為，岩鳥的傳說來源於現實中的象鳥（又叫隆鳥）。象鳥是曾經生活在馬達加斯加島的巨型鳥，屬於鴕鳥科，該鳥的骸骨和蛋殼的殘片被人類發現了，其體形之大讓第一批探險家咂舌。但這個假設其實是與象鳥的習性相悖的，雖然牠體形龐大，但象鳥與鴕鳥一樣，並不會飛。另一個被質疑的原因是地域的局限性。雖然馬可．波羅歷險時，記錄岩鳥位於馬達加斯加，但其實馬可．波羅寫的是摩加迪休[1]，那裡並沒有岩鳥垂涎的美食——大象。

---

① 摩加迪休是位於東非偏北印度洋岸的港口城市，是索馬利的首都、重要港口和歷史古城。

Dragons célestes

天龍——擁有非凡魔力的變形高手

第一批分類學家曾嘗試詳細定義天龍的身分與特徵，但是紛雜的信息讓他們無從下手，他們很難從很多旅行記述中把與天龍有關的信息整理出來。天龍是公認的變形高手，可輕而易舉地變身為蛇、馬、鳥、魚等動物。牠們甚至會戲謔地變化出各種花樣，創造一些滑稽的動物形象。在中國，龍是有爪子，有龍角，背上長有龍刺的神獸；而在西方，龍卻是長著翅膀、口噴烈焰的巨蟒。中國的龍天性仁慈，象徵著智慧；西方的龍卻相反，本性邪惡、嗜血。西方人害怕發怒的惡龍，對於與惡龍作戰更是噤若寒蟬。他們經常懇求聖人和英雄來降服惡龍，希望可以把牠們趕盡殺絕。

名字：天龍
翼展：不詳
特點：暴躁易怒、噴火
食物結構：食肉
地理分布：歐洲、亞洲、美洲
棲息環境：雲端、地下洞穴

▶《偉大的紅龍與日光蔽體的女人》威廉・布萊克
1805年　美國國家美術館

聖奧諾拉的龍

在公元一世紀末，傳教士約翰在《啟示錄》中這樣描述惡龍：「長著八個頭、十個角的火紅色巨龍……牠的尾巴能掃落天上三分之一的星星。」另有記載，當惡龍準備吞下新生兒時，聖馬太出現了，他身邊圍著天使，一場天空之戰拉開序幕。聖喬治來助聖馬太一臂之力，很快馴服塔哈斯克龍的人——聖馬爾泰也加入其中，聖奧諾拉也加入了戰鬥。聖奧諾拉畫了一個十字便把這頭怪獸殺死了，然後用皮帶把惡龍綁在石頭上。就像傳說中塔拉斯孔城是以曾在此肆虐的塔拉斯克龍命名一樣，德拉吉尼昂（Draguignan）傳說也是以龍命名的。龍在德拉吉尼昂城無處不在，在城市徽章上，在公共噴泉雕像上、逝者紀念碑上，都有牠的身影。

神通廣大的本領

雖然龍體積龐大但卻不笨重，牠的行動十分靈活。無論是在廣袤的大地上，還是大海裡，抑或碧空中，龍都可以暢行無阻。春天龍居於雲端，隱沒其中；秋天則潛藏於海底，靠近高溫的地心取暖。當牠們住在天上時，有一部分龍會用肩扛起天神的宮殿；當牠們住在地上時，牠們便決定了地上大江小河的流向；當牠們住在地下時，則臨時充當守衛者，看護人類埋藏的黃金珍寶。

龍的魔力

雖然牠們的外貌變幻莫測，讓人難以勾勒出大概的輪廓，但是牠們有一個共同點，那就是都有非凡的魔力。有些龍把自身的力量汲取出來，然後封印在珍珠裡，掛在脖子上，這樣牠們便可以長生不老。有的龍還有隱身的能力，可以無聲無息地接近敵人。海裡的龍噴出一口氣就可以讓海水沸騰，把魚煮熟；躍出海面便可捲起翻天覆地的颱風；在天空翱翔則可引起狂風驟雨，吞噬沿途的所有東西。如此強大的魔力讓人類恐懼不已，但也激起了人類的貪念，妄圖將這種魔力據為己有。於是巫師精心煉製各種各樣與龍有關的藥：治做噩夢的乾龍眼，防妖術的龍齒和龍骨……

◄《與龍之戰》法國細密畫　註解版《啟示錄》1250年　法國國家圖書館

►《聖瑪格麗特和龍》《瑪麗夫人的圖畫書》1285—1290年　法國國家圖書館

▼《聖喬治和龍》古斯塔夫・莫羅和維托雷・卡巴喬　1859年　巴黎　古斯塔夫・莫羅博物館

人類說我們曾經創造了一個輝煌的時代，
我們曾經逍遙自在，
如今卻受人嘲笑。
我們一度稱霸四方，
總有一天人類會以這樣或那樣的方式，

L'oiseau-tonnerre

雷鳥──襲擊人類的巨鳥

雷神經常會化身為雷鳥混在鳥群裡。印度民間有記載，雷鳥曾成群以電閃雷鳴的速度俯衝下來襲擊人類。曾定居在北美洲的伊利尼維克印地安人部落，把雷鳥描述成拖著長長尾巴的巨鳥，牠的身體長滿了閃亮的鱗片，長著紅色的眼睛，頭頂上還有些小犄角。十七世紀，歐洲的探險家還收集到一些雷鳥襲擊人類的證據。旅行家雅克．馬奎特在日記中也曾提到，在伊利諾州曾發現兩幅岩石雕刻畫，描繪的正是被雷鳥襲擊時，前來保衛部落的伊利尼維克印第安酋長的故事。

名字：雷鳥、雷鷹、比亞薩
翼展：8公尺
特點：頭上長有角、紅眼睛
食物結構：食肉
地理分布：印度、北美洲
棲息環境：高空

►《雷鳥》波尼鼓面畫
芝加哥菲爾德自然史博物館

空中劫持

因為印第安人的大規模圍捕，如今雷鳥幾乎已經滅絕了，但仍有某些目擊者信誓旦旦地表示，時不時會看到那麼一兩隻。1960年，詹姆斯．西埃爾．胡加──加拿大安大略湖的歐及布威族印第安人，向人們講述一隻與飛機差不多大小的鳥從他的頭頂滑翔而過，靜悄悄的，沒有一絲聲響。1977年夏天，在美國伊利諾州，短短幾週內，就有很多人表示看到了很多巨鳥，一時間引起熱議。7月25日，在美國朗代爾，兩隻巨鳥突然襲擊一個在花園裡玩耍的十歲小孩。其中一隻鳥用利爪把小孩抓起來，拖了幾公尺遠，然後才把孩子放下。7月30日，一位自然學家在謝爾比維爾湖畔垂釣，看到一隻兩翼展開長達3.5公尺的猛禽，並把牠們拍下來了。隨後在加利福尼亞州出現了兩隻巨鳥，外形像禿鷲，牠們把一頭重達25公斤的豬抓了起來。

阿根廷巨鷹

古生物學鳥類專家認為，雷鳥的傳說可能來自南美兩千年前的畸鳥。這些巨大的禿鷲，比牠們的後代更嗜血。牠們盤旋在高空中，隨時準備撲向牠們的獵物。阿根廷巨鷹的化石殘骸在1980年被發現。此鳥翼展可達8公尺長，重達20公斤。某些大膽的科學家提出這樣一個問題：如今這些巨鳥還存在嗎？

我以為凡是說見過牠的人都是瘋子，直到昨天夜裡，我望了天空一眼，牠扇動著巨大的翅膀，以風馳電掣的速度在900公尺的高空中飛行著，發出微弱的亮光。牠有一架飛機那麼大，但我卻沒有聽到發動機的噪聲，我這才發現牠不是飛機。我難以相信這是自己親眼所見。

——查爾斯·鄧恩（密蘇里州聖路易斯人）1948年

Le lièvre lunaire

月兔──象徵永恆的吉祥物

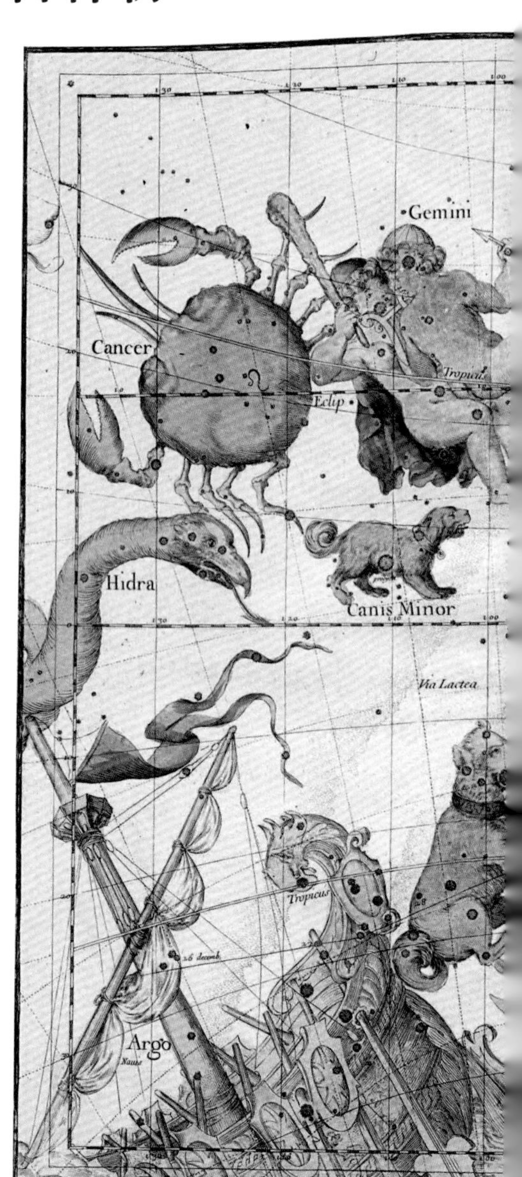

名字：玉兔、月兔、大夫、寶兔
體形：不詳
特點：深知長生不老的奧秘
食物結構：不詳
地理分布：月球
棲息環境：沙漠

「大夫，怎麼樣了？」

西方人認為月球表面的黑點是人的影子，而中國人卻認為那是隻野兔。傳說兔子投身火坑中，把自己的肉體獻給飢餓的菩薩，菩薩大受感動，便把兔子的靈魂送上了月宮。也有人認為，不僅兔子的靈魂去了月亮，兔子的肉體也去了。兔子在月宮負責搗製長生不老藥，所以牠的綽號是大夫。因此，在中國，兔子成了生命永久輪迴的象徵──長著長耳朵的鳳凰。因為野兔生下來就睜著眼睛，與家兔不同，因此中國人認為月兔也象徵著敏銳的洞察力。

►《天體製圖》伊格納茨·加斯頓·巴蒂
1674年 法國國家圖書館

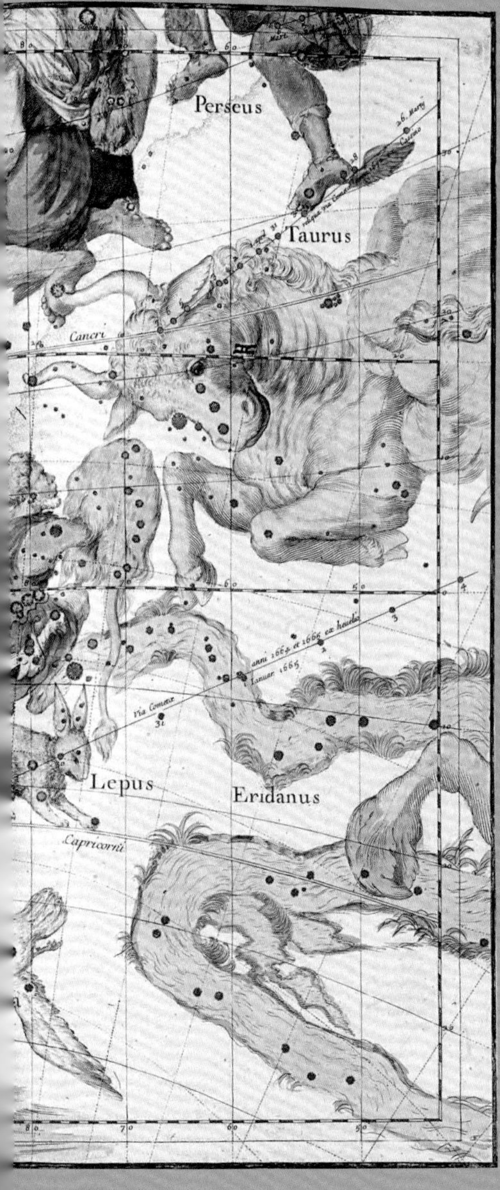

月宮裡的兔子

在佛教文化中，15號是祭神的日子，這天水獺、狐狸、猴子還有兔子出發去尋找祭品。水獺準備了魚，狐狸準備了牛奶和肉，猴子準備了芒果，只有兔子空手而來，決定將自己做祭品。一個神仙幻化為老人來到水獺家，向水獺求食。水獺給了老人一些魚，但是老人並沒有吃，在感激之後離去，表示晚點再回來。老人又去了猴子家、狐狸家，依次得到了肉和水果。老人來到兔子面前，兔子回答說牠可以獻出自己的肉體。老人隨即幻化出一堆熊熊大火，兔子信守承諾毫不猶豫縱身跳入火堆裡。但是火立刻就熄滅了，老人向兔子透露了自己的身分，他正是因陀羅，三十三重天之主，下凡來考驗牠。天神因陀羅為了紀念兔子的捨身精神，把牠的影子倒映在月亮上，我們至今都能看到。

在中國的傳統中，玉兔是充滿象徵意義的動物。因為與創造神有關係，所以牠成了生育力的象徵。牠還象徵著充沛的精力，因為牠無論是白天睡覺還是守夜，眼睛始終睜著。對於煉金術師來說，牠代表著祕術，而牠挖的地道也是我們潛意識的影像。跟隨著玉兔的腳步，煉金術師也渴望在地心找到原質，也就是製造賢者之石的首要材料。

Le phénix

鳳凰——浴火重生的神鳥

古希臘著名作家希羅多德曾記載了一種罕見的鳥兒。那種鳥兒一部分金光閃閃，一部分呈火紅色，外表和細節都很像老鷹。「按理說，這並沒有什麼奇特的……」但其中有一點是這樣的：世上只有一隻鳳凰，每隔五百年都會自焚重生。三天之後，一隻小鳳凰在牠父親的灰燼中展開翅膀。古羅馬詩人奧維德在《變形記》中，用優美的詩句描述了鳳凰這獨一無二的再生能力：當牠五個世紀的生命到頭時，牠立於冬青槲枝頭或搖搖欲墜的棕櫚樹頂，用潔淨的爪子和嘴建造牠的巢，把月桂、甘松香、肉桂還有淺琥珀色的沒藥[1]，銜入巢內，在香氣瀰漫中，悄然死去。一隻新的鳳凰，從牠父親的身體裡飛出，同樣擁有五百年的生命。

名字：鳳凰

體形：不詳

特點：浴火重生，可以直視太陽

食物結構：乳香樹脂、豆蔻汁液

地理分布：歐洲、埃及、衣索比亞

棲息環境：沙漠平原

▲《鳳凰》科內利斯·特羅斯特 1720—1750年 荷蘭國立博物館

►《鳳凰》哈雷女士《拉丁動物寓言集》大英圖書館

▼《半人馬展示前往聖保羅之路》法國細密畫 馬可·波羅《馬可·波羅遊記》1412年 法國國家圖書館

烈火的考驗

在古希臘和古埃及，鳳凰被認為是太陽鳥。著名古希臘歷史學家希羅多德認為鳳凰誕生於其父親的精液，而不是從灰燼裡重生。小鳳凰把父親遺體裹上沒藥，放到埃及的太陽城赫利奧波利斯太陽神的祭壇上，教

---

① 沒藥，中藥名，為橄欖科植物地丁樹或哈地丁樹的乾燥樹脂，具有散瘀定痛、消腫生肌之功效。

士得以瞻仰鳳凰遺體並將其放入火中。火作為葬禮和重生的關鍵，是能夠淨化身體、造就重生的唯一元素。對於想擺脫世俗的負擔，希冀獲得自由的靈魂來說也一樣，浴火自焚才能得到智慧，才能長生不老。

中國鳳凰

中國的鳳凰狀如公雞，燕頷雞喙，華美豐滿。我們把鳳凰與太陽聯繫起來，因為鳳凰重生時的火焰讓人很容易聯想到烈日。煉金術師則把牠與朱砂聯繫起來，朱砂是一種含硫的汞，常常被用在佛教寺廟的柱子上。但是與毒性劇烈的朱砂相反，鳳凰象徵著仁慈、和諧與安寧。雄鳥為鳳，雌鳥為凰，鳳凰結合象徵著琴瑟和諧。

天上的鳳凰始於地上的鳳凰，牠先是披上了一身羽毛，接著身體的每一部分都開始像火炬一樣重生。從開羅到非斯，人們從沒有見過比這更漂亮的場面。

——紀堯姆・德・迪巴爾塔斯《創造世界的一週》「第五日」 1578年

Chapitre II
陸生生物

Créatures terrestres

Point de terres inexplorées
未知之地

如今，未知的大陸已經不復存在。所有的高山河谷都被地理學家編入《世界地圖》之中，所有的土地都遍布著探險家的足跡，所有的密林都被人類造訪過，所有與世隔絕的民族都已揭開自己神祕的面紗。但是……

神祕生物學家伯納德·霍伊維爾曼生前始終勸說著人類，要時刻意識到自己的不足，並對冒險與神祕保留著赤子之心。雖然廣闊無垠的非洲、歐洲、亞洲以及美洲均已被馬可·波羅、克里斯托弗·哥倫布等探險家先鋒探索過了，但未知的地域數不勝數。地理學家滿足於丈量土地並編錄成書，而自然學家則孜孜不倦地研究其中的細節，試圖點燃火炬，照亮未知的黑暗地帶。

如果認為人類已經對地球無所不知了，那簡直是痴人說夢。隨著空中繪圖技術的不斷進步，人類不瞭解的東西只會愈來愈多。人類總以為自己可以認識一切，掌控一切，所以把每一畝土地、每一種生物都記錄在冊，以一種完美無缺的方式對其進行分類和排列。但人類忘記了還有非洲的熱帶雨林，那裡有錯綜複雜的植被，有飛流與瀑布，有沼澤與沙漠，還有亞洲的熱帶叢林，澳大利亞荊棘叢生的大草原，無政府管理的南美洲的亞馬遜森林……我們還能想到更多現有知識體系的不足。如果人類去這些偏遠的地方探索，一定會發現潛藏著新物種的山谷，一定會給大辭典加上新的鳥類、昆蟲、爬行動物或者哺乳動物；更不用說那些與世隔絕，躲在黑暗中，藏在自己柔軟的巢穴裡的生物。人類難以涉足的地方一直存在著，如今還在為未知的野獸提供避身之處。

蠍獅一身紅毛，龐大無比，長著人臉，卻有三排牙齒。我猩紅色的皮毛與鋒利的牙齒交相輝映。我呼吸著孤獨的恐怖氣息，我傳播鼠疫，我吞下沙漠探險的千軍萬馬。我的利爪如彎鉤；我的牙齒如利鋸；我的尾巴高高豎起，上面有蠍子一樣的螯針，我可以隨意往左右甩，往前後擺。接著！接著！螯針如脫弦的弓箭往四處飛射。樹葉喀喀作響，鮮血淋漓。

——福樓拜《聖安東尼的誘惑》1874年

La manticore

蠍獅——嗜血成性的吃人魔

名字：蠍獅

體形：不詳

特點：三排利齒、蠍尾

食物結構：食肉（人肉）

地理分布：衣索比亞、印度、伊朗、非洲、亞洲

棲息環境：熱帶雨林、沙漠等偏遠地區

有幸見過蠍獅的人曾這樣描述牠：獅身人面，長著紅毛蠍尾的四足怪物。借用公元前五世紀歷史學家克特西亞斯的話，古羅馬博物學家老普林尼如是說：「在衣索比亞，有一種叫做蠍獅的動物，牠有三排利齒，像梳子一樣相互交錯。牠長著人的臉，人的耳朵，藍色的眼睛，還有猩紅的毛髮，豎著蠍子一般的蜇針。牠嗜人血人肉，跑起來極快；嘶吼聲如長笛與喇叭的協奏。」

吃人魔

◄《動物寓言集》十五世紀
威尼斯馬爾恰納國家圖書館

在波斯語裡，蠍獅的名字是吃人魔的意思。三排尖牙利齒顯示了牠嗜血和貪得無厭的本性。憑藉牠碩大的頜骨以及如刀一樣鋒利的尖牙，牠可以輕易偷襲從牠旁邊經過的任何動物。在捕捉到獵物以後，蠍獅會把毒液用尾針注射到獵物體內，然後把獵物撕成碎片，整個捕獵過程幾秒鐘就可以完成。地上很快就一無所剩，骨頭、血肉甚至衣服都不復存在！

至今尚存嗎？

儘管這種生物有著明顯的神話色彩，英國皇家神祕生物學組織卻對牠極感興趣。根據該組織的專家介紹，這個物種繁衍至今所剩不多，存活下來的可能躲在伊朗人跡罕至的大山、非洲熱帶雨林，還有亞洲等地。牠們悄無聲息地生存著，威脅著膽大的冒險者，讓他們有去無回。

La bête de l'Exmoor et autres félins mystères

美洲獅——薩里的神祕味道

英國是當之無愧的貓科動物王國，這些大型貓科動物在英國四處遊蕩，經常在鄉下田野亂竄偷襲羊群。見過牠們的人說牠們時而像美洲獅，時而像猞猁，時而像獅子、豹或者老虎。人們很難把牠們歸入某一種類。很多目擊者說的話也經常自相矛盾，讓人摸不著頭腦，只是讓其變得更加神祕。追蹤牠們的科學家就牠們的身分及特徵提出了不少假設。假設之一是牠們可能從動物園裡

名字：埃克斯穆爾高地的野獸、薩里的美洲獅

體形：不詳

特點：散發著強烈的氣味

食物結構：食肉

地理分布：大不列顛、蘇格蘭

棲息環境：偏遠鄉村以及平原

▲《貓項鍊》尚-查爾斯・沃納《哺乳動物的自然歷史》1924年 法國國家自然歷史博物館

突然從幽暗的高山傳來了一聲揪心的慘叫，響徹山谷。在山谷另一邊的森林裡，山貓宣告著自己的到來。奇怪的是牠已經連續十四天沒有發聲了，但這並不說明什麼，因為我之前聽到了人們經常提起的叫聲——百貓怒吼的聲音。

——迪·法蘭西斯《貓之國：追尋大不列顛巨型貓科動物》
「大不列顛巨型貓科動物」的跟蹤者 1983年

逃出來的，或是被自然愛好者放生的。但是牠們經過幾萬年進化而來的逃生能力讓這些理論變得不堪一擊。還有另外一種假設，牠們也許是一種生活在大不列顛島上的不知名物種。人們經常發現牠們暴露的一些痕跡，例如腳印、皮毛等，但牠們至今尚未被人類捕獲過，仍充滿了神祕感。

英格蘭薩里的美洲獅

1962年，在倫敦北部的鄉下，有幾個目擊者信誓旦旦地表示，在霧氣濃重的中午時分和黑夜降臨時，他們遇到了一隻大型貓科動物，在附近遊蕩。一個農民說自己曾試圖殺了那隻動物，但是沒有成功，而且牠在經過的地方都會留下很濃的臭味。獵狗也因為害怕而拒絕追蹤這種野獸。1964年，這隻野獸用爪子撕碎了一頭牛。牠在夜間的偷襲次數突然暴增，政府不得不調動大批警力前去抓捕，但是始終沒有找到。牠仍舊時不時地出現，繼續在當地猖獗，這隻野獸一時間成了人們熱議的話題。

從埃克斯穆爾高地的野獸到薩里的美洲獅

大約在1983年，上百隻羊在短短幾個月內被殺了。儘管受害者不再是牛，但是作案的方式是一致的，捕殺者至今逍遙法外。人們只看到路上留有一些足跡，最多也只是看到一個迅速消失的影子，於是有人猜測是獵豹。這一次，政府派遣了軍隊來協助無能為力的警察。軍隊使用了各種方式去搜尋，國際媒體也對此大肆報導，但是大家始終一籌莫展。儘管流言有所止步，但野獸仍舊逍遙。

Le tigre de montagne

山貓——長獠牙的貓科動物

1960年，莫得里作為神祕動物學家伯納德．霍伊維爾曼在中非的通信員，向他寄送了一份關於當地猛獸山貓瓦索卡的詳細報告。瓦索卡長著如刀般鋒利的牙齒，體形跟驢差不多，豎著像狗耳一樣的小耳朵，還有發著磷光、如耀眼燈塔一般的眼睛，長著長長的獠牙、毛茸茸的腳，絲毫不會留下走動的痕跡。這隻讓人心驚膽戰的食肉動物非常強大，可以把整個獵物背起來。牠還是兩棲動物，當夜幕來臨時就開始在地面上或者水上捕獵。當牠走動時，會發出跟大象一樣尖銳的嘶叫。更奇怪的是，牠走過的地方總有一大堆蝴蝶跟著。

名字：山虎、紅豹、水豹、水獅、瓦索卡、加桑格蘭

體形：高1.5公尺

特點：全身條紋或全黑、長牙

食物結構：食肉（羚羊、河馬）

地理分布：中非地區

棲息環境：山區、河流附近

我們爬到了溝壑的右邊，正打算往一個洞穴口走，那個洞穴非常大，有可能是獵物的庇護所，就在這時突然聽到一聲可怕的吼叫。我還比較鎮定，因為我的職業就是捕獵，但我還是不得不承認，這聲大吼十分嚇人。傑梅早已驚慌失措，他跟我說：「老闆，我們不能往前走了。這應該是猛獸，太危險。」

——克里斯蒂安．勒．諾爾（諾曼德捕獵嚮導以及野獸的盯梢者）1975年

▲《劍齒虎》F. 約翰《史前動物》1910年 德國漢堡

長獠牙的貓科動物其未解之謎

人們至今難以界定這種神祕動物。科學家們只能根據一堆拼湊的評論和證詞來分析。一些專家將其命名為卡桑格拉姆，認為牠是住在地洞裡的大紅獅。而在安哥拉，牠是水獅，以河馬為食。不同的名字，不同的方言，不同的地區，不同的目擊者，不同的說法……就像伯德．霍伊維爾曼所說的，在中非，瓦索卡有兩種類型，一種是中非西部和中部的水生貓科動物，一種是中非東北部的山貓。到底這種神祕動物是什麼？捕獵者如何才能抓到牠們呢？情況很複雜！

劍齒虎的同種？

儘管仍然存在很多不確定因素，伯納德．霍伊維爾曼與德國生物學家英戈．克魯姆比格爾一致認為牠是劍齒虎的同種，劍齒虎曾是更新世時期的非洲貓科猛獸。因為獅子和豹之間殘酷的競爭，所以把劍齒虎的近親逼得開啟適應夜間兩棲的生活模式，並開始在水中捕獵。

L'unicorne

獨角獸——純潔與黑暗的共同體

名字：獨角獸

體形：跟馬一樣高

特點：額頭正中長有一隻角

食物結構：食草

地理分布：歐洲、印度、中國、波斯

棲息環境：森林

克特西亞斯[①]曾描述獨角獸，說牠形如白馬，額前有一個螺旋角，角的底部是白色，角的頂部則是紅色，另外還有深藍色的眼睛，是由印度獨角犀演化而來。他把獨角獸描述成一隻額頭正中長角的溫馴小羔羊。老普林尼則這樣描述獨角獸，其身似馬，頭如鹿，掌似象，尾如豬。而依西多祿[②]則說，獨角獸用一隻角就能把大象頂死。

① 克特西亞斯，希臘醫生，生活於公元前四世紀。

② 依西多祿（570—636），西班牙主教，中世紀百科全書式學者。

▶《掙扎的獨角獸》掛毯紡織品　1495—1505年　大都會藝術博物館

沉睡時的噩夢：裸體的美人魚、美人蛇、獨角獸……

——維克多·雨果《歷代傳說》1859—1883年

顫抖吧，大象！

所有關於獨角獸的記載都一致認為獨角獸能力超群，智力發達。人類很難捕捉到牠，唯一可行的方法就是使用詭計。作為獨角獸的天敵，獅子有一種獨特的策略，那便是想方設法讓獨角獸面對一棵大樹。當獨角獸抵著角進攻時，獅子敏捷地躲閃到一邊，受慣性影響牠會一頭卡死在樹幹裡，這樣獨角獸就成了甕中之鱉。對獵人而言，他們的方法更加機智保守：為了避免跟獨角獸正面交鋒，人們會把純潔的少女獻給獨角獸，這時獨角獸會把牠的腦袋靠在少女的膝上。能輕易殺死一頭大象的獨角獸，最後就被手無縛雞之力的少女打敗了。

天使，抑或是惡魔

《聖經》中，獨角獸總是和聖母瑪利亞在一起，所以牠自然而然成了純潔、貞潔的象徵。儘管牠常常表現出溫馴和藹的一面，但有時也會出人意料地狂怒發狠，扮演黑暗的角色，讓人不寒而慄。如果被獻出的少女並不是看起來那樣純潔的話，獨角獸不僅不會溫柔地把頭靠在少女的膝上，反而會用頭頂的角插穿少女的身體。

比露德聖水更厲害的獨角

獨角獸的角極其罕見，價值連城，因其珍貴的藥用價值和魔力而聞名，傳說用它可以擊退魔法妖術。擁有獸角的人只需把獸角放在水中，喝下水之後便可以預防百病，藥到病除。但市面上以高價交易的獸角實際上是一種鯨類動物——獨角鯨的長牙。中世紀的商人為了打斷多疑的顧客提問，總會把獸角改名為「海上獨角獸之角」。這真是無所不能但又難以企及的魔力……

▶《獨角獸》古斯塔夫·莫羅 1885年 巴黎古斯塔夫·莫羅博物館

▼《貞操的勝利》格拉爾多·迪·喬萬尼·德爾·弗拉 1475年 杜林薩包達美術館

Le myrmécoleo

獅頭蟻──獅子的精液和螞蟻卵的結合

獅頭蟻這種生物，最早出現在古印度的著名史詩《摩訶婆羅多》中，但其實在古希臘和中世紀的文學作品和動物寓言集中，也曾有過牠的身影。古希臘歷史學家希羅多德、博物學家老普林尼、地理學家斯特拉波、智者埃里亞努斯等都曾描繪過這種神奇的生物。老普林尼這樣說：「由於意外，獅子的精液掉落在螞蟻的卵上，螞蟻卵在受精後最終發育成獅頭蟻。」而埃里亞努斯和斯特拉波的看法卻大不相同，他們都認為獅頭蟻很有可能是獅子與螞蟻的愛情結晶，獅子為父，螞蟻為母。一段有悖自然規律的愛情，造就了獅頭蟻。公元十世紀，在英國提爾伯里的傑瓦斯旅行遊記和英國行吟詩人諾曼神職人員威廉的《神聖動物寓言集》中，均提到獅頭蟻這種生物，說牠曾出現在紅海周圍的一個小島上。

名字：獅頭蟻、獅蟻、蟻獅
體形：不詳
特點：獅頭蟻身
食物結構：無法進食
地理分布：衣索比亞
棲息環境：紅海島上

▶《比利時地圖── 一頭雄獅》
約道庫斯．洪第烏斯 1611年
美國國會圖書館

穿過一片稀疏的森林與草地時，我們遇上了一頭獅蟻，一種神奇的混種生物，半獅半蟻。獅子的精液落到地上浸沒螞蟻的卵時，受精的螞蟻卵就發育成了獅蟻。

——老普林尼《自然史》第八章 1470年

難以為繼的生命

根據福樓拜的簡略概述，「顧名思義，獅頭蟻就是獅頭蟻身」。但是獅頭只食肉類，蟻身只消化穀物，這矛盾的組合注定了獅頭蟻將被活活餓死的悲劇。在中世紀流行的一本動物集《生理學》中，非常明確地說明了獅頭蟻的這一特性：獅頭蟻身的組合讓牠既不能像父親獅子一樣食肉，也不能像母親螞蟻一樣食穀，所以牠注定難逃死神之手。

雜亂無章的生存狀態

阿根廷著名作家豪爾赫·路易斯·波赫士認為獅頭蟻的存在本身就是不可思議的，福樓拜更是明說獅頭蟻的生殖是違反自然規律的。獅頭蟻的一切貌似都建立在反常理之上，一切都是亂七八糟、雜亂無章的。牠深受雙重折磨，生活舉步維艱。其實在《生理學》中，獅頭蟻故事的寓意清晰明瞭：「心靈分裂的人類亦會在前進的道路上步履蹣跚。與其猶豫不決地回答『也是也不是』或者『也不是也是』，還不如直截了當選擇是或否，就像耶穌曾教導我們的一樣。」

Le catoblépas

卡多普雷斯──憂鬱的垂頭者

狒狒在吼叫，獨腳人在睡覺，無頭人在工作，侏儒在吵架，無嘴人在哽咽，獨角獸在嘶鳴，蠍獅在咆哮，格里芬在跺腳，蛇蜥在發出嘶嘶的聲音，鳳凰在飛翔，塞德尤扎格在發聲，卡多普雷斯在嘆氣。

──福樓拜《聖安東尼的誘惑》 1874年

▲《卡多普雷斯》賈恩・喬斯頓《四足動物自然史》1650年 法國史特拉斯堡大學

名字：卡多普雷斯、卡托布萊裴斯

體形：跟牛一樣

特點：能用眼神和氣息殺人

食物結構：食草

地理分布：衣索比亞

棲息環境：尼羅河河岸

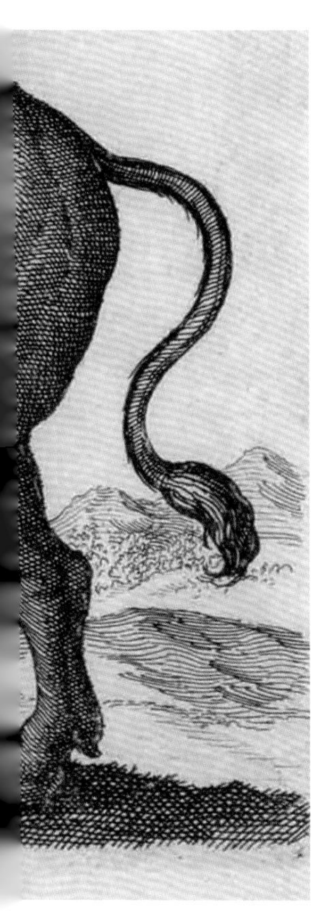

殺人的眼睛

卡多普雷斯的意思就是垂頭者，牠的頭沉重到連牠自己都承受不起。老普林尼將牠描述為一種來自尼羅河的生物，牠形似一頭長著濃密鬃毛的公牛，豬頭總是垂向地面。正因如此人類才得以躲過一劫，因為凡是見過牠眼睛的人都已死在田野上。[1]「安東尼，任何人都不曾見過我的眼睛，即使有也早已命喪黃泉。」在福樓拜的作品中，他這樣說道。根據埃里亞努斯的說法，比起牠的眼睛，牠的毒液與令人愉悅的氣息更讓人恐懼，因為牠可以將一個活生生的人變成石頭。因此拉伯雷將牠歸為分泌毒液的動物。

生性憂鬱

卡多普雷斯脾性十分怪異，牠總是鬱鬱寡歡，垂頭喪氣。總而言之，比起牠給人類造成的威脅，牠給自己造成的威脅要嚴重上百倍……牠的身上處處是毫無生氣的印記，牠的每一步、每一個動作都顯得非常笨重。老普林尼這樣寫道：「牠無比沉重的頭，總是垂向地面。」福樓拜則補充道：「牠的脖子又長又鬆弛，就像掏空的腸子一樣。牠平躺在地上，牠的腳連同牠的臉都消失在又密又硬的鬃毛裡。」卡多普雷斯總是看向地面，任由鼻子和腹部垂在淤泥裡。牠很少有興致表現出其他的樣子，因為牠身陷憂鬱的深淵。

---

① 摘自老普林尼作品《自然史》，第八章。

Le camelopardalus

駝豹—長頸鹿的傳奇

名字：駝豹、駱駝豹、豹駝

體形：脖子長5～6公尺

特點：長脖子、豹皮

食物結構：食草

地理分布：東非地區

棲息環境：平原、熱帶稀樹草原

駝豹，可能是某種違反自然規律的愛情的結晶，歷史上有很多關於駝豹的記載。公元十二世紀，波斯地理學家阿爾·卡茲維尼曾斷言駝豹是駱駝與鬣狗和母牛的雜交種。十七世紀的時候，德國著名耶穌會士阿塔納斯·珂雪正式將駝豹列入「雜交種」① 的名單中。

---

① 在《聖經》中，諾亞拒絕身分不明者的雜交物種登上諾亞方舟，因此有這樣的一份名單。

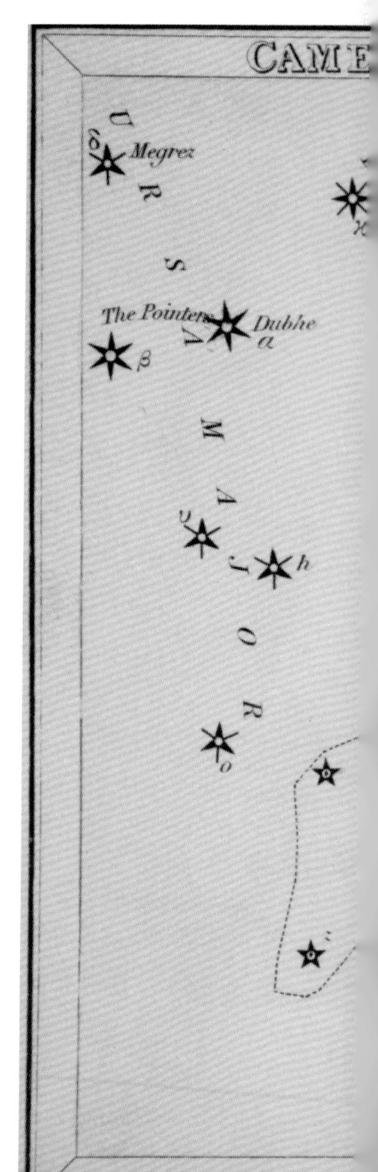

►《鹿豹座，馴鹿座和彗星獵人座》西德尼·豪爾
《烏拉尼亞之鏡》1825年 美國國會圖書館

長頸鹿的歷史就是一個傳奇。1826年，埃及帕夏（官銜）將一隻長頸鹿進獻給查理五世，這隻長頸鹿在亞歷山大上船。為了給牠的長脖子騰出空間，人們不得不在甲板上開個洞。經過長途跋涉，長頸鹿來到了馬賽，從這兒開始一路沿著隆河展開了牠史詩般的遊歷。人們迫不及待地去觀看這隻奇怪的生物，因為這是第一隻踏上法國土地的長頸鹿。在經過800公里的遊歷後，牠終於來到了巴黎，最後定居在巴黎動植物園。從此以後，長頸鹿成了巴黎動植物園最受遊客歡迎的動物，直到1845年牠死亡。

古老的替角

駝豹長相奇特，有著駱駝的身體，長長的頭，兩個彎曲的角，豹的毛。牠一直就這樣出現在《聖經》和中世紀的動物寓言類書籍裡。很久以後，人們才把駝豹與牠的真身──長頸鹿區分清楚，因為中世紀的人們並不認識長頸鹿，當時整個歐洲見過長頸鹿的人也屈指可數。僅有的幾個長頸鹿標本，是軍隊東征時從遙遠的東方帶回來的，牠們也只是被放置在義大利、西班牙、拜占庭等皇家動物園中展覽。而正是生物學知識的空缺，給了人們無限的遐想空間。

身分不明

在歐洲，最早關於長頸鹿的記載出現在一些旅行者的遊記裡，還有一些虛構的畫中。中世紀的作家只能參考古羅馬自然學家老普林尼留下的作品，裡面有關於長頸鹿的簡短描述。然而，老普林尼並沒有詳細說明駝豹的身高、大小，標誌性的長脖子等特徵。因此在人們的印象中，長頸鹿與駝豹便成了兩種截然不同的生物。直到十五世紀，埃及王給佛羅倫斯當權者羅倫佐·德·梅迪奇進獻了一頭長頸鹿，自然學家們才得以近距離觀察，從而拉近了虛幻動物與現實動物之間的距離。文藝復興時期義大利自然學家阿爾德羅萬迪曾嚴厲批評不切實際的肆意虛構者，一再向世人強調，所謂的駝豹，是外形和毛色看起來像豹和駱駝的混種。實際上就是長頸鹿。

THE CAMELOPARD, or a NEW HOBBY
Sept. 1827
▲《一個新愛好──駝豹》手工上色蝕刻 威廉·希斯 1827年 大英博物館

La panthère

神豹——散發香味的捕獵者

名字：豹、獵豹

體形：不詳

特點：散發著令人心曠神怡的香味

食物結構：食肉

地理分布：非洲、敘利亞

棲息環境：叢林、森林

在古希臘時期和中世紀，豹比較屬於神話動物，而不是如今我們熟知的捕獵動物。古希臘、古羅馬的作家在描述豹時，往往會增添很多神話色彩，讓牠的形象在真實與超自然之間搖擺，賦予其五花八門、令人嘆為觀止的魔力，讓牠充滿神祕感。古人甚至認為，豹身上的花斑大小會隨著月亮的週期變化而改變。

▲《跟隨神豹的動物》法國細密畫　里夏爾．富爾尼佛《動物寓言集》十四世紀　法國第戎市圖書館

有魔力的捕獵者

亞里斯多德、老普林尼、泰奧弗拉斯托斯①、普魯塔克②和埃里亞努斯都曾提到過，豹身上散發著一種特殊的香味，無論人類還是動物都不可避免地被其吸引，尤其是猴子。「正如人們所說的，百獸都十分樂意親近豹以嗅其香。」（亞里斯多德）「豹散發著一種讓所有動物都感到心曠神怡的芳香，這就是為什麼牠只需躲著靜靜等待，獵物就會送上門來。」（泰奧弗拉斯托斯）「豹不僅用迷人的香氣引誘獵物，還輔以悅耳動聽的歌聲。牠只需靜靜地在茂密的叢林裡或者厚厚的葉子堆裡隱藏著，等待著。」（埃里亞努斯）因為豹攻於謀略，獵人對其噤若寒蟬。

▶《神豹》法國細密畫　里夏爾·富爾尼佛《動物寓言集》十四世紀　法國國家圖書館

▼《豹》《拉丁寓言》1195—1200年　英國亞伯丁大學圖書館

基督的聖像？

在《生理學》中，豹與蛇類不同。蛇類往往會引誘小鳥掉入牠的血盆大口中；而豹絲毫沒有惡意，牠的迷惑能力與香氣不是用於捕獵。作為惡龍的敵人、動物的朋友，牠像基督一樣令所有遇到牠的動物都為之著迷，牠搭建起了《聖經》與動物世界之間的橋梁。「第三天，牠從長眠中甦醒，發出一聲大吼，所有的動物均聞其聲。從牠的聲音裡蔓延出一股芳香，動物們循著聲音的香氣來到豹的身旁。」

---

① 泰奧弗拉斯托斯（前370—前285），古希臘哲學家。

② 普魯塔克（46—120），羅馬帝國時代的希臘作家。

人們傳言，獵豹深知自己的氣味能吸引百獸，於是牠經常躲起來，等待獵物自己上鉤。獵物們嗅到牠的氣味會靠得很近，豹就是這樣抓住母鹿的。

paritis creari. ut mulus

st animal q̄d d'r pan

hn̄s. et ē speciosissimu

rbundo, De pantera.:·

ra. uarium quidem colorem.
nimis et mansuetum. Phisi

Le renard chinois

中國狐——陰險狡詐的角色

中國狐的形象是模稜兩可的。一部分人認為，牠是不祥之兆，尾巴輕輕一擺就能引起火災；另一部分人認為，牠的形象是正面積極的，因為牠有預測未來的本領與隨心所欲變身的能力。牠能輕鬆地活一千年，這一點讓最有精力的百歲老人都分外眼紅！坊間流傳，生前精明的勇士死後能化身為狐狸。

名字：狐狸
體形：不詳
特點：變身、預測未來
食物結構：食肉
地理分布：中國
棲息環境：森林、平原

▶《九尾狐》春川五七
1818—1830年　劍橋大學菲茨威廉博物館

狡黠之王

在中國，狐狸的形象也跟西方中世紀小說裡的一樣狡猾，為達到目的不惜耍各種花招。波赫士在談論中國民間關於狐狸的奇聞怪事時，提到了一個不幸的姓王獵人的故事。「有兩隻狐狸在嬉笑打鬧，其中一隻狐狸手裡拿著一張紙符。突然獵人出現了，朝後者開了一槍，正中牠的眼睛。受傷的狐狸想方設法要奪回被搶走的紙符，於是化身為人，喬裝打扮成一個旅客，來到客棧。獵人正在這裡對過客們講述自己遇到狐狸的經歷。在他說話的時候，人們看到一個傷了一隻眼的人走了進來。這個人饒有興趣地聽著獵人講故事，並要求看一眼獵人提到的紙符。正當獵人打算掏出紙符的時候，客棧掌櫃突然注意到，剛來的那個人竟然露出了一條尾巴。『牠是狐狸！』掌櫃高聲喊道，狐狸立刻現出原形溜了。隨後，牠以獵人的名義寫信，命令家人把所有的家產都賣了，到京城去找他。當獵人的母親千里迢迢趕來京城，把那封家書遞給獵人看時，信上卻空無一字。最後，牠還化身為獵人死去的兄弟，奪回了屬於牠的東西。『我終於拿回我的東西了！』牠尖叫一聲，現出狐狸原形後，便一溜煙地跑了。」

人們認為狐狸的出現是不祥之兆，狐狸身上的每一部分都有特異功能。牠只需用尾巴拍打一下地面，就能引起火災。牠可以預測未來，牠可以變身，牠最喜歡化身為老人、年輕女子以及老學者。牠聰明機智，行事謹慎而且生性多疑，牠喜歡惡作劇，牠也喜歡暴風雨。人類死後經常會轉世成為狐狸。

——豪爾赫·路易斯·波赫士《虛構集》1987年

Le qilin

麒麟——正義的化身

在很多故事中，麒麟的出現預示著一個智者或一個注定日後會飛黃騰達的小孩降臨。麒麟很有可能在孔子快出生時，在孔子母親的面前出現過。孔子出生後，麒麟將一本玉書從嘴裡取出放在孩子旁邊。這本玉書經常出現在麒麟石像的嘴裡。

麒麟是中國版的獨角獸，最早的歷史記載可以追溯到公元前4世紀。在中國，麒麟是與鳳凰、龍齊名的神獸，其中鳳凰是百禽之長，龍是百鱗之長，麒麟則是百獸之長。麒麟長壽，能活兩千年甚至更久。更令人驚奇的是牠的外形，牠的體形像鹿，有的全身布滿黃色花斑，長著牛尾，長有獨角或兩個角的龍頭。

名字：麒麟
體形：不詳
特點：不踐踏一草一木
食物結構：食草
地理分布：中國、日本、韓國
棲息環境：安寧祥和之地

►《麒麟》亞當・弗里德里希・馮・洛文法克《神話動物畫集》1730年 德國邁森國家瓷廠

生性溫和的祥獸

麒麟是吉祥之獸，牠能給一方的百姓帶來福氣，帶來繁榮昌盛與五穀豐登。當有野獸襲擊村落時，寺廟的祭壇上會出現這樣的碑文：「麒麟在此。」因為人們認為碑文有驅害闢邪的作用。麒麟生性仁慈，聲音悅耳動聽，步伐穩重，象徵著和諧安寧。麒麟只會在安詳平和、民風淳樸的地方出現。接觸過麒麟的智者曾說，麒麟處處顧慮老百姓，走路的時候腳步輕緩，一株野草也不願意踩壞。另外，雄麒麟的叫聲預示著人才的誕生，雌麒麟的叫聲則預示著和平的到來。夏天麒麟聲象徵著子孫滿堂，秋天麒麟聲則象徵著精力的恢復。

充滿正義感

在為正義而戰，挺身保護受害者的時候，生性溫和的麒麟會口噴熊熊烈焰，發出雷鳴般的怒號。段玉裁[①]曾說，麒麟動用武力並不是因為爭強好勝，而是為了伸張正義。麒麟善於區分說謊者和坦誠的人，因為牠有感應心靈的能力，牠甚至可以直接命令人民群眾推翻昏君的統治。[②]一身正氣的麒麟最後卻不得善終。根據明清時期的學者記載，麒麟在上古時代就已經瀕臨滅絕了，現在更加罕見了。人類的自甘墮落讓為正義而生的麒麟難以接受，麒麟被迫離開人類，隱世而居。

---

① 段玉裁（1735—1815），清代文字訓詁學家、經學家，字若膺，號懋堂，他愛好經學，擅長探究精微的道理，精於校勘，是徽派樸學大師中傑出的學者。

② 麒麟可以說人的語言。

為了追求嚴謹，我經常把話語權留給目擊者，在我的神祕動物學書籍中，我不希望想像力扮演主要角色。但是楠達虎卻如此神祕，沒有任何新的事件可以揭開牠的神祕面紗。牠只要一有機會就挑起人們內心深處的恐懼，恐懼就像被點著的火藥迅速傳開。

——伯納德．霍伊維爾曼《非洲未知貓科動物》2007年

▲《楠達虎》菲利普・庫德雷
《隱藏動物指南》2009年

名字：楠達虎、蒙瓦

體形：高2.5公尺、無尾巴

特點：灰色條紋或花斑

食物結構：食草

地理分布：坦尚尼亞、索馬利、肯亞

棲息環境：熱帶雨林

Le nunda

楠達虎——令人毛骨悚然的殺手

在坦尚尼亞的神話故事中，存在一種名為楠達的老虎，牠晝伏夜出，專門襲擊人類。1927年，一位警察在坦干依喀湖旁邊的一個漁村附近巡邏時失蹤了，被發現時早已手腳斷裂，死相慘不忍睹。凶手是誰？根據推測這很有可能是一隻體形龐大的貓科動物所為，因為目擊者看到了野獸襲擊留下的腳印，以及受害者手裡攥的一綹毛。這隻野獸仍盤踞在附近，在日落後襲擊獵物，在黎明時分只留下一灘血和皮肉的碎片。村民們只能寄希望於巫術，他們召集所有的巫師開始作法，但最終與設陷阱、毒藥、圍捕一樣無濟於事，楠達虎仍然在肆虐橫行。

貓、驢抑或是獅子？

1937年有一個獵人被楠達虎襲擊過，所幸大難不死。根據他和其他目擊者的描述，楠達虎是一隻體形龐大的貓，外形有一頭驢那麼大，全身布滿灰色條紋或者花斑。牠有時會故意把漁夫嚇跑，只是為了大吃特吃漁網裡的魚。威廉・希金斯上尉把牠描述為一頭巨大的貓，樣子像虎斑貓，外形像驢那麼大，但是比任何一頭獅子都更加凶殘，更讓人毛骨悚然。對於他來說，楠達虎的存在是毋庸置疑的。他這樣回應質疑

Modo de pelear entre el q auia de sacrificar, y ser sacrificado.

▲《祭品與主祭者之間的戰鬥》手稿 胡安·德·托瓦爾 約翰·卡特·布朗圖書館

的人：你們可以假設這樣的野獸是「不存在的」，但是我並不認同，因為我已經在牠出沒的地方來來回回跑了數百公里，拼湊了不止一個被撕碎的受害者的身體。我堅信這隻傳說中的楠達虎就隱沒在靠近海岸的茂密叢林裡。

陌生的野獸

在斯瓦希里語中，楠達虎的意思是陌生的野獸。牠神祕、殘暴、嗜血卻又悄無聲息，無影無蹤。牠從黑暗中走出來，很快又回到黑暗中去……楠達虎僅僅是一個神話或者一種迷信嗎？正如大多數夜間出行、謹小慎微的其他貓科動物一樣，牠讓人難以抓住。至於牠的身分，也有許多相關的猜測。有些人認為這是一隻巨大的金黃色非洲貓科動物的近親，一種不為人知的動物。有些人則認為，這些被歸咎於楠達虎的暴行，實際上是人為的，是一個名為「人豹」的邪教組織所為；其成員專門謀殺成員之外的人，僅僅為了攫取死者身上的脂肪。

Le gazeka

伽則卡豬——巨大的四足動物

名字：伽則卡豬、巨豬、魔豬

體形：高1.5公尺

特點：長長的豬嘴、尖細的叫聲

食物結構：食草

地理分布：巴布亞紐幾內亞

棲息環境：山區、森林

當我跟巴布亞人一起去狩獵野豬的時候，在我沒有提問的情況下，他們主動跟我說起一頭巨大的豬。跟牠的名字的意義一樣，他們在樹上比畫了一下那頭豬的高度，大概有兩公尺高。他們離開的時候，我仍沒有得到關於這頭豬的別的消息，也許牠真的太罕見了。我承諾將給提供信息者一堆玻璃珠子以及刀具，但是沒有人來找我。

——阿道夫．伯恩哈德．邁耶《自然》雜誌 1875年

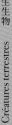

◀《伽則卡豬》沃莫
《哺乳動物自然歷史》1824年

「我也覺得犀牛這樣的大型動物出現在紐幾內亞是不可能的事情，但是我不得不提到一個關於一頭巨大的四足動物的故事，那是我從一個住在蓋爾文克灣南岸的巴布亞人那裡聽說的。」1875年，德國自然學家阿道夫．伯恩哈德．邁耶在權威雜誌《自然》上發表了這樣一篇文章，講述了一個未知的生物物種——伽則卡豬，這是一種體形巨大的豬。作者本身也對這個生物的存在表示懷疑，因為巴布亞人喜歡四處宣稱目睹了各種幽靈和奇奇怪怪的東西。直到1906年，這個假想的生物再次被提及，牠出現在另一個探險家查爾斯．A.W.蒙克頓的旅行日記中。他記錄了當地的一個導遊跟他陳述的事：伽則卡豬有5腳長，3腳6趾高，尾如馬尾，腳分叉，皮膚黑，有花紋，有長長的嘴，聲音尖細。

尋找蛛絲馬跡

除了當地人的一些說法外，探險家們並沒有找到其他實在的證據證明伽則卡豬的存在。他們從來沒有

▲《獵豬》佛蘭斯．史奈德

親眼見到一隻活的伽則卡豬，也沒有收集到任何相關的證據。直到一個英國探險隊於1910年找到伽則卡豬的蹤跡和糞便，他們發現了伽則卡豬不容置疑的存在證據，同時聲稱他們放在隨身行李箱裡巴布亞的小雕塑是伽則卡豬的真實寫照。

伽則卡豬到底是什麼？

某些神祕生物學家認為，伽則卡豬只不過是一種鼠豚，是從紐幾內亞的鄰島印度尼西亞群島泅水而來的。美國古生物學家威廉．迪勒．馬修提出一個猜想：伽則卡豬是雙門齒屬，也就是滅絕於四萬年前的更新世有袋類動物。英國古哺乳動物家克莉絲汀．珍妮絲認為，伽則卡豬是袋貘的後代，袋貘是另一種有袋類動物，滅絕於同一時期，牠的化石曾出現在紐幾內亞。除了這些嚴肅的推測以外，喜劇家喬治．格雷夫斯也曾插科打諢說過伽則卡豬，將其描述為一頭沒有毛、被人挖苦嘲笑為笨蛋的豬──這更像是一則令人愉悅的笑話。

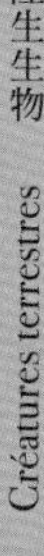

La leucrote

斑鬣狗—無所不能的嗜血動物

儘管斑鬣狗仍舊籠罩在神祕面紗之下，但對於某些人來說，牠只不過是普通的鬣狗。鬣狗也會說話，而且人們很容易將牠們的聲音與人類嘈雜的聲音相混淆。動物學家推測老普林尼筆下的斑鬣狗很有可能就是稍微走樣的鬣狗。

驢身鹿爪，獅尾獅胸，獾頭……斑鬣狗的存在簡直是不可能的。老普林尼將其描述為大型的狼狗，擁有碩大有力的下頜骨，可以用牙齒撕咬任何東西，一會兒的工夫就能把所有吃下肚的東西消化掉。牠的牙齒是一塊完整的骨頭，牠的嘴一直開裂到耳朵。夜晚來臨時，牠離開森林的巢穴去尋找獵物，在農莊附近遊蕩。牠動作敏捷，總是能輕而易舉地追上獵物。就算獵物剛剛咽了氣，牠也會毫不猶豫地鑽入墳墓，將屍體刨出來。

名字：斑鬣狗
體形：不詳
特點：模仿人類的聲音、變色
食物結構：食肉（狗、屍體、人肉）
地理分布：衣索比亞、印度
棲息環境：森林

比鸚鵡更奸詐

機敏又嗜血的斑鬣狗不僅有食肉動物的絕佳武器，還善用陰謀詭計，奉行典型的馬基維利[①]主義，即為達到

---

① 馬基維利（1469—1527），是義大利政治家和歷史學家，以主張為達目的可以不擇手段而著稱於世。

目的不擇手段。為了迷惑獵狗，牠會模仿人類的哀求聲。狗聽到主人的慘叫匆忙跑來，卻一口被斑鬣狗吞下……牠用同樣的手段來迷惑人類。牠會隱藏在灌木叢裡偷聽農夫的談話，並記住他們的名字。當夜晚來臨時，牠就模仿其中一個人的聲音呼喚另一個人。可憐的農夫絲毫沒有懷疑，走進樹林，再也沒有走出來。

猞猁的眼睛

在傳說中，斑鬣狗無所不能，牠可以任意變換顏色和物種。牠最強大的特點就是可以永遠保持旺盛的精力，因為牠可以永遠不閉眼。也許正是這個原因，人們推測牠的眼睛是無價的寶石。如果將牠的眼睛摘下來，置於舌頭底下，便可以預測未來。

▲《斑鬣狗》阿什莫爾細密畫《拉丁動物寓言集》1511年 牛津大學圖書館

L'orang-pendek

紅毛猩猩──倒著走路的小矮人

名字：紅毛猩猩、賽達帕
體形：身高0.8～1.5公尺
特點：倒著走路
食物結構：雜食（草木、果子、蛇）
地理分布：馬來西亞、蘇門答臘
棲息環境：山區、森林、叢林

很多神祕生物學家都記載過外號為小矮人的紅毛猩猩之蹤跡。這個矮個子的人猿（最高的不超過1.5公尺）膽小怕生，卻是個話癆。牠總是咕噥著什麼，語調又十分迷人，看似明白易懂，實則讓人十分費解。牠棕色的皮膚覆蓋著濃密的黑毛，牠的額頭周圍是一圈蓬鬆的頭髮。牠們以小雞、水果、蛇為食，捕食蛇的時候會像熊一樣砸石頭，把蛇逼出來。當牠們吃飽的時候，就躲在深山密林裡。

追蹤長滿濃毛的人

1823年秋天，荷蘭獵人范．赫爾瓦登在追捕一隻猴子的時候，被清脆樹枝折斷的聲音吸引了。在高高的樹枝上，他看到一隻大型動物的身影。再靠近一點，他看到了黝黑的皮膚，刮了鬍鬚的臉，還十分清楚地看到牠發達的尖牙。獵人嘗試與牠溝通，但是牠過於害怕，發出一聲奇怪的呼聲就逃走了。2001年，一支探險隊前往蘇門答臘島的巴里桑山脈，發現了拇指與其他四趾對向的大腳印。這是不是躲在蘇門答臘森林裡猿人的腳印呢？由於證據不足，科學家們對其知之甚少，所以不能確定其身分。但也不能直接否定一些天方夜譚似的目擊證據，比如有一些目擊者聲稱牠們腳後跟在前倒著走路。

我再次看到，牠寬大有力的手臂上豎起的暗紅色波浪形長毛，牠巨大的肚子，還有牠那大得讓人目瞪口呆的頭。牠視力極差，因為白色的長髮像簾子一樣遮住了牠整張突出的臉……我看到了姆拉胡！

——阿蒂略·加蒂《伊圖里森林探險》1938年

▲《直行的猩猩》伯恩哈德·馮·布萊頓巴赫《聖地朝聖之行》1486年 法國國家圖書館

Le kikomba

奇康巴—喜歡惡搞人類的動物

牠體形龐大，彎著腰，駝著背，一身暗黑的體毛，看起來很像某種野人—高加索地區的阿爾瑪斯人。牠身高可達2.2公尺，在牠突出的眉骨下有一雙泛紅的眼睛，凡是與牠四目相對的人都深感恐懼，但其實牠生性溫和。牠躲在深山密林裡，晝伏夜出，過著一種四處遊走的孤獨生活。傳言雌性奇康巴的乳房既長又下垂，當牠們奔跑的時候會把乳房掛在肩上。

這種身軀高大的靈長目動物，棲息在樹林中，形跡十分隱祕。牠異常罕見，遇到過牠的人僅僅見過牠模糊的身影。牠總是急於在森林的巢穴裡尋找庇護所。目擊者還表示，牠有著驚人的力量、隆起的尖牙、飄散的長髮、怪異眼神，這些都牢牢吸引人們的注意力。第一批致力於發掘更多信息的科學考察隊組成了，由兩個著名的靈長目動物帶隊，分別是海尼．赫迪傑和喬治．夏勒，他們以研究山裡的大猩猩而聞名。1961年，瑞士探險家查爾斯．柯迪葉在剛果民主共和國也發現了一些拇指與其他四趾對向的腳印，大約有30公分長。

名字：奇康巴、姆拉胡
體形：身高大約2公尺
特點：手裡總是拿著一根木棍
食物結構：食草
地理分布：薩伊、剛果
棲息環境：森林

►《野人》吉瓦尼諾．德．格拉西　十四世紀　貝加莫省安傑羅．麥市立圖書館

古怪貪玩的生靈

奇康巴脾氣古怪，時而具有攻擊性，時而疑心重重，時而滑稽搞笑。當地人對天發誓，曾見到過牠手拿著棍子追著人打。牠還會在森林深處偷偷觀察偷獵者設置陷阱，並且偷拿陷阱中的獵物。但是牠這麼做並不是為了食物，僅僅是為了惡搞獵人！

姆拉胡——暴躁的兄弟

神祕生物學家總是把奇康巴與另一種非洲未知的靈長目動物——姆拉胡聯繫起來。儘管姆拉胡在樹林裡並不常見，但是通過對兩者進行解剖學分析，可以得出結論，牠們十分相近。姆拉胡同樣擁有突出的寬大眉弓，附有長長的白毛，因此牠的視力很弱。如果牠想觀察什麼人的話，就不得不把頭往前伸，從兩腿之間往外看。牠身高兩公尺以上，力大無窮而且脾氣暴躁，十分危險。1938年，探險家阿蒂略·加蒂動身前往剛果伊圖里森林，帶回了長有濃毛的標本，那是從一個剛被姆拉胡殺死的澳大利亞人的指甲裡收集到的。

Le yeren
神農架野人——性格孤僻的毛人

野人即人猿，兩腳直立行走，長著紅褐色的毛，身軀龐大，最高的野人高達3公尺。牠們的腳印可長達40公分，均排在一條直線上，跟人類十分相似。但是人們對於這種孤僻的靈長目動物知之甚少，只能偶爾聽到牠們的叫聲在山裡迴蕩。牠們晝伏夜出，遠離人煙，經常躲在濃密的森林裡。牠們有蓬亂的體毛，所以為數不多的目擊者稱牠們為毛人或者熊人。還有人說牠們身上散發著一股濃烈的體味。

名字：野人、神農架野人、人熊
體形：身高1.5～3公尺
特點：性格孤僻、體毛濃密
食物結構：食草（植物、昆蟲）
地理分布：中國中部
棲息環境：偏僻的森林

▶《卡塔港碼頭》瓦倫西亞壁紙
奧勞斯·馬格努斯 1539年

緊盯著蛛絲馬跡

1976年起，中國政府密切關注野人的情況，定期派遣科學家前往神農架自然保護區做調查，他們曾帶回了一些腳印和糞便。1966年，配有頂尖偵查設備的熱氣球在森林上空飄浮，試圖找到野人的蹤跡，但最終一無所

牠長有一對巨大的乳房，乳頭鮮紅，像一個剛生完孩子的母親。牠臉上的毛很短，臉非常小，眼睛深陷，顴骨突出，嘴巴前伸。牠披頭散發，頭髮大約有30公分長。

——王澤林（生物學家，曾在路邊發現了死去的野人）

毛光年於1956年收錄該證據

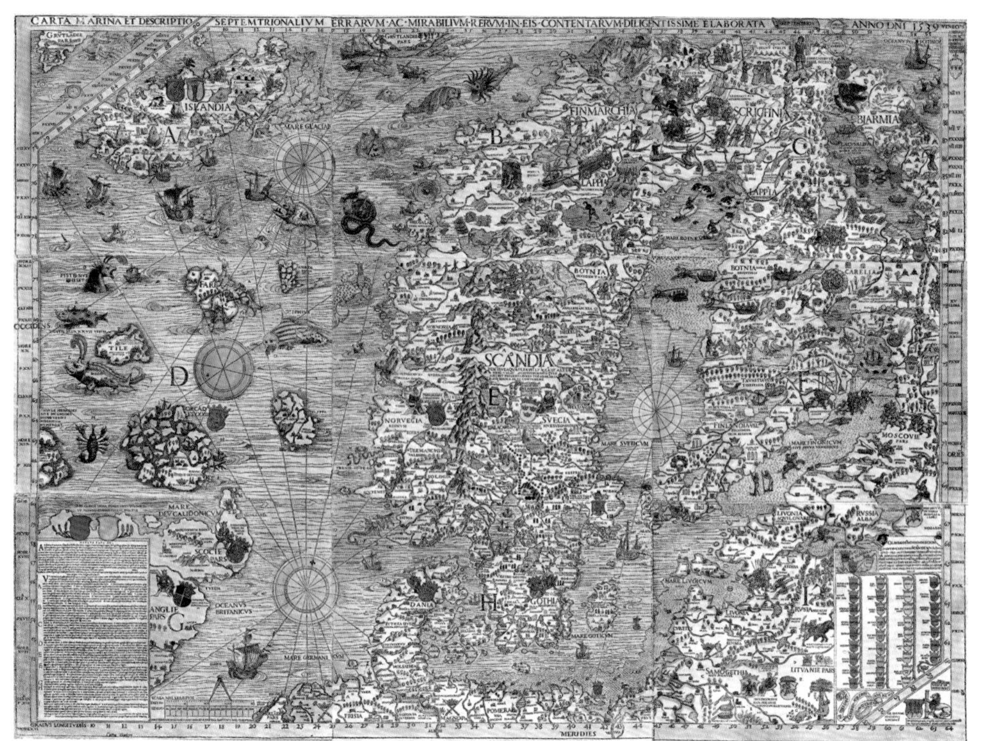

獲。2000年，北京大學的古人類學家們意外地收集到了新的證據：40公分長的腳印，混有皮毛的玉米棒，還有吃剩的食物。

身分不明

懷疑論者認為，野人不過是民間創作的形象。神祕生物學家認為，牠是真實存在的生物，牠們可能是尼安德塔人的後代或者巨猿的後代，牠的祖先可能是在中新世或者更新世存活於中國的靈長目動物。對此，古生物學家反駁道，野人不可能是巨猿的後代，因為巨猿是四足動物，而野人卻是兩足動物。

① 尼安德塔人，常作為人類進化史中間階段的代表性居群的通稱，其化石發現於德國尼安德塔山谷。尼安德塔人是現代歐洲人祖先的近親，從12萬年前開始，他們統治著整個歐洲、亞洲西部以及非洲北部，但在2.4萬年前，這些古人類卻消失了。

Le yéti

雪人──蹤跡難尋的怪物

名字：雪人、雪怪
體形：身高大 2.5公尺
特點：大腳、長頭髮垂進眼睛
食物結構：食肉
地理分布：中国
棲息環境：岩洞、森林、山區

雪人這種傳奇生物從幾十年前開始就激發著探險家們的好奇心，一方面因為當年牠的蹤跡被發現時轟動全球，另一方面是因為牠有一個著名的綽號──極其可惡的雪人！1898年，一個前往西藏的探險家發現了不尋常的腳印，並且收集了一些證據，證實這個半人半猿物種的存在。牠長著一身黑色的毛，根根豎起，悄無聲息地走遍森林和喜馬拉雅山。儘管一些探險家在雪地裡偶爾能找到牠的腳印，但往往無疾而終，因為當他們滿懷激情地沿著足跡前進，卻發現足跡總會慢慢變得愈來愈模糊不清，好像留下足跡的主人突然神祕蒸發了一樣……

怎麼躲避雪人？

儘管牠主要以氂牛為食，但是在很餓的時候也會攻擊人類。鑑於捕食者龐大壯碩的身軀，人類只能顫抖著等待被吞噬……除非人類可以保持冷靜，大跨步地往陡峭的斜坡跑。因為儘管雪人身軀龐大，但是牠有一個弱點：當牠在斜坡追趕獵物的時候，牠的長髮會掉進眼睛裡，遮擋住牠的視線，這時牠便不得不放棄獵物。當人們不能與敵人硬碰硬的時候，當然要以智取勝！

雪人在美國的近親

中國並不是唯一有野人生存的地方，野人在美國也有一個著名的近種動物──大腳怪，牠們很可能是巨猿的後代。關於這些巨大類人猿的記錄總是相似的，讓人摸不著頭腦。大腳怪身高差不多3公尺，因為牠身軀巨大，所以人們給牠起了這個名字。牠居住在茂密的森林裡，人們時常能見到牠們的身影，還有牠們的腳印。

牠在向我靠近。我十分害怕，一直往後退，直到後背靠上了懸崖峭壁。我無路可走了。那個全身長著濃毛的人離我只有兩公尺遠，牠又往前走了大約50公分。我舉起斧頭，準備以死抗爭……我們就這樣一動不動地盯著對方，持續了將近一個小時！隨後，我在盯著牠的同時，摸索著撿起一塊石頭，奮力往牠身上砸過去，正中牠的胸部。牠發出了一聲慘叫，接著用左手揉著被砸到的地方，緩慢地離開了；牠往斜谷的深處走去，發出低沉的叫聲……

——龐根成（秦嶺太白山地區村長）1977年6月

▲《地質學家在阿根廷安地斯山脈發現雪人的足跡》里諾・費拉里

義大利畫報《週日信使》1956年8月

Le squonk

濕眶克——永遠在落淚的孤僻生物

濕眶克是生活在美國賓夕法尼亞州鐵杉森林中的一種神祕生物。牠們沒有一個官方正式的名稱，濕眶克這個名字來源於拉丁語Lacrimacoepus dissolvens，意思是其身化為淚水。為什麼會這樣概括濕眶克的特徵呢？因為牠生性膽小，內心的憂愁綿延不絕，從早到晚都在不停地落淚。如果想跟蹤牠，只需跟隨著牠淚水落在地上形成的溝壑便可以找到牠了。為什麼牠會如此傷心呢？因為牠無法釋懷自己世人皆知的醜陋面孔——滿臉的皺紋、瘤子，還有膿瘡。牠對此心知肚明，深受折磨，被壓得喘不過氣來。牠只敢在黃昏的時候偷偷溜出來，哪怕是一個孩子都能把牠嚇個半死。牠不停地落淚，甚至整個身子最後都化成了一灘淚水。

名字：濕眶克
體形：不詳
特點：永遠在哭泣
食物結構：不詳
地理分布：美國賓夕法尼亞州
棲息環境：鐵杉森林

►《人類世界的地圖》印度
1890—1899年 美國國會圖書館

追捕濕眶克

儘管無時無刻不落淚的特性對牠造成了很不好的影響，但也恰恰幫助牠逃離了獵人的手掌心。獵人只需伸手搭在濕眶克的身上，牠便可以化為淚水。威廉·T·考克斯在他1910年出版的回憶錄《蘭勃森林裡的恐怖生物》中，講述了一個故事，說的是一個獵人是如何意識到濕眶克可以化為淚水脫逃的事——J.P.溫特林有一次終於有機會靠近濕眶克，一把將其套入袋子中。他把袋子扛在肩上，準備回家向眾人展示他的戰果。但他發現，袋子變得愈來愈輕了。他最後把袋子打開，發現濕眶克不見了，袋子裡只剩下一灘淚水和氣泡……

濕眶克非常孤僻，一般只在黃昏的時候出來走動。牠全身長滿了瘤子和膿包，非常難看。富有經驗的長者聲稱牠是所有動物中最不幸的。

——威廉·T·考克斯《伐木林場中令人恐懼的生物》1910年

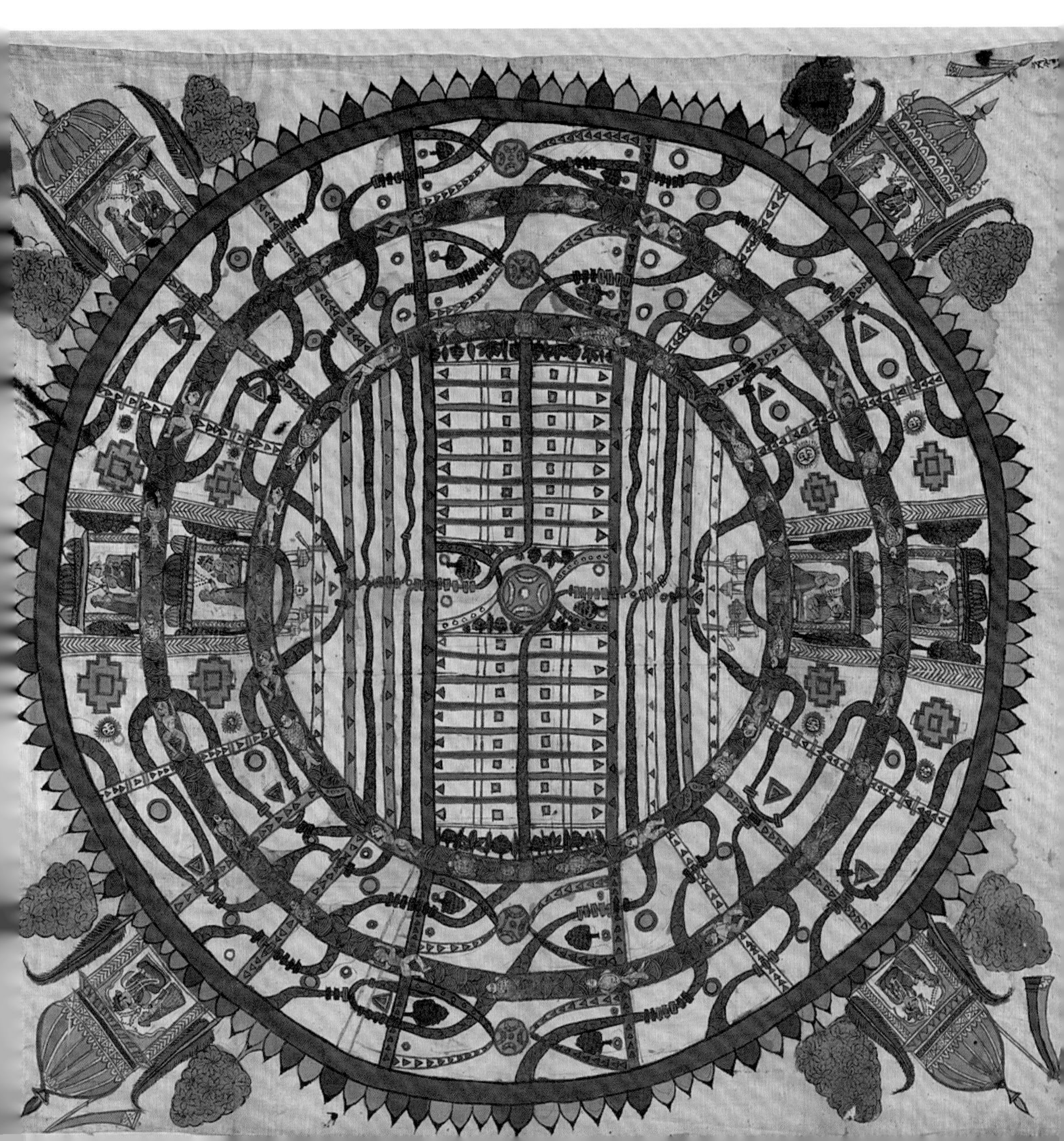

Le chien de Bouley et autres chiens noirs

布萊黑犬—嗜血的魔頭

在蘇格蘭流傳著關於黑犬的傳說：這是一種神祕的犬科動物，本性嗜血，牠的出現是不好的兆頭，預示著一場狂風暴雨的到來，撞見牠的人不久就會聽到家人的噩耗。這些狗平時遊蕩在海灘上，牠們往往在閃電中或者震耳欲聾的巨響聲中溜到農莊偷抓牲口，然後迅速消失。農夫相信牠們就是惡魔的化身。牠們走了以後總會留下一股濃烈的硫黃味，好幾天都不散去！但理性一點的人則認為，牠們不過是販賣酒水的走私分子虛構出來的生物，用來嚇唬警察的。

名字：布萊黑犬、澤西黑犬
體形：不詳
特點：圓圓的大眼睛
食物結構：食肉
地理分布：澤西島
棲息環境：森林、懸崖、荒地

1972年4月19日，34歲的海岸警衛M.格拉哈姆．格朗德在戈爾勒斯頓海防站值勤。他用望遠鏡看著沙灘北部，大概4：45時，他突然看到了一隻巨大的黑狗在沙灘上遊蕩。一開始他還不知道是什麼，但很快他再次看到了牠的身影，並觀察了好幾分鐘。黑狗一直遊走著，然後突然停了下來，感覺像發現了什麼人。隨後警衛繼續觀察的時候，黑狗就在他眼皮子底下消失了。

——格雷厄姆．格蘭特，戈爾斯頓海岸巡防隊，
諾福克《東方日報》1972年4月27日

巴斯克維爾獵犬

澤西島的黑犬是謎題的中心，警察曾出動警力去調查，但是無疾而終。不得不說的是，亞瑟·柯南·道爾創作著名的《巴斯克維爾的獵犬》的故事正是來源於此。在小說中，夏洛克·福爾摩斯和他的朋友醫生華生展開了一項調查：相傳查爾斯·巴斯克維爾為一隻黑犬所殺，他的先人雨果·巴斯克維爾在很多年前亦如此。傳說黑犬是為了懲罰後者，因為他曾折磨過一個年輕的農夫。詛咒從此籠罩在這個家庭之上……被採訪的目擊者均提到一隻巨大的狗，眼睛如牛眼，又大又紅，會在黑暗之中用凶神惡煞的眼神盯著你。野狗在夜晚的時候四處遊蕩，拖著脖子上沉重的鐵鍊。往往黑犬還沒出現在眼前，就先聽到了淒厲的叮噹聲，聞其聲者久久不能忘卻。牠的目光讓人渾身發冷，冷到骨子裡，讓人兩腿發軟以至於不能動彈，無法喊叫，也無法逃跑。

布萊斯堡的傳說

在英國薩福克郡的布萊斯堡，人們常常會提到教堂裡的一扇門，門上有一道道深深的狗爪印。相傳在1577年8月4日，當地的教區居民聚集在教堂裡，突然暴風雨來襲，一隻黑犬在閃電之中現身。牠闖入教堂裡，殺死兩個人，隨後將血淋淋的爪子刻印在門上。如今幾個世紀過去了，上面的痕跡依然清晰可見。到底這些事情是現實還是傳說呢？

▲馬太·梅里安《在他的房間寫作，被一隻帶有火紅眼睛的黑狗嚇壞了》銅版畫《編年史》1630年

Le lycanthrope

狼人──與魔鬼為同類的吃人怪

他的衣服化為狼毛，他的雙臂化為狼爪。儘管他身上還保留著一些人類的痕跡，他已化身為狼：全身淺灰色的毛，臉上帶著怒氣，眼睛閃著幽光。他就是一頭冷酷無情的野獸。

——奧維德《變形記》第一卷 前43年—17年

關於狼人的傳說首先出現在希臘的神話故事裡，很快就不脛而走，傳遍歐洲，甚至所有的大陸。在沒有狼的國家裡，神話就借用其他動物來替代狼。比如說在非洲，狼人成了豹人、鬣狗人，或者豺豹人；在亞洲，則成了虎人；在大洋洲則是鯊魚人。狼人本身是人，但是當夜晚來臨的時候，會化身為眼睛發著藍光，張著血盆大口的狼。在滿月的時候，牠會發出陰森的嗥叫。狼人生性非常殘忍，不管是男人、女人還是小孩，都會輕易被牠撕成碎片，牠渾身都散發著血腥味。牠敏銳的感官以及強大的力量讓牠可以輕而易舉地完成牠的暴行。牠還喜愛吞噬剛下葬的新鮮屍體。牠令人毛骨悚然的遊蕩和幾乎癲狂的殺人趣味會在黎明前終結。之後，殘忍的野獸將恢復牠人類的外貌，陷入深沉的睡眠中。幾個小時後，牠將甦醒，並且完全忘記昨晚發生的事。

名字：狼人、人狼
體形：似狼，可變身
食物結構：食肉
地理分布：歐洲
棲息環境：平原、森林、山區

▼《吃女人怪》普雷斯・波爾城堡 侍衛聽木製天花板 十五世紀

人是如何變身為狼人的呢？

如果有人自願與魔鬼達成契約，在撒旦的儀式下便可化身為狼人。他們往往成為詛咒最終的受害者。世上最著名的狼人是阿卡迪亞國王萊卡翁，他曾向宙斯發出挑戰，宙斯為了懲罰他將他變為一頭狼。變身往往是在月亮的影響下發生的。1210年，基爾瓦斯·德·蒂爾伯里在英國強調，有一部分人會在月亮開始新一輪陰晴圓缺的時候變身。十九世紀，紅月成了狼人流行起來的主要原因。中世紀的時候，人們在狼人變身前將牠們斬草除根，切開牠們的皮膚，觀察是否有毛從裡面長出來。據說，狼人只需要翻轉牠的皮膚便可以化身為狼。

人們如何達到目的呢？

狼人是非常聰明的，善於避開各種陷阱、圈套和攻擊。牠還有一身堅硬的皮毛，用來抵抗侵害。牠們化身為狼的時候，受創的皮膚會呈現在牠們作為人的身體上。但人們絕對不可能在不用特殊武器的情況下傷害牠們，只能用銀製的子彈或者匕首。傳說只有在銀製匕首的數次穿刺之下，才能結束這充滿野性的生命。

彼得·史塔普的事例

歷史上存在幾個關於狼人的著名案件。在16世紀的德國科隆鄉下地區，人們被一種可怕的詛咒纏身：有一隻狼在夜晚來臨後四處作惡，造成大量人死亡；在清晨時，人們只能找到遇難者血淋淋的遺體。人們開始組織圍捕，試圖趕走這頭野獸，但是這頭野獸卻絲毫不畏懼各種陷阱。1590年，人們最終將「牠」抓獲。村民們都聚集過來，驚恐地注視這頭野獸，卻發現籠子裡竟然是一個人！此人正是彼得·史塔普[①]。在受審的時候，他解釋人不是他殺的，是他化身成為的狼殺的。他被惡魔親自套上皮帶以後就成了狼人。隨後他一句接一句地供述自己所犯的一連串的罪行，面無表情地承認自己殺害並生吞了13個小孩，其中包括兩個還在胎中的孩子。他把孕婦開膛破肚，取出胎兒，挖了他們的心肝……

---

① 德國的彼得·史塔普是中世紀狼人裡最惡名昭著的連環殺手。

To' les comans de mō mar
Souffrez me convīet gāt to
Vo' q̄ vivez au demouret
Ne veulliez cōe moy ferre
Enfance le ma fait ferre
la ch

Le cynocéphale

狗頭人——來歷不明的混種生物

名字：狗頭人

體形：不詳

特點：狗頭狗尾、體毛濃密

食物結構：食肉

地理分布：印度、衣索比亞

棲息環境：偏遠地區、島嶼

►《狗頭獅和狗頭人》巴托洛梅奧・蒙塔涅《健康花園》1497年　法國國家自然歷史博物館

▼《尼科巴狗頭人》法國細密畫　鄂多立克　《鄂多立克東游錄》1410—1412年　法國國家圖書館

在中世紀的遊記與手抄本中，充斥著關於狗頭人的傳說。許多故事都是圍繞著這種神祕動物展開的，但是沒有任何一個人真正見識過牠們，除了一些來自遙遠國度的發現者。《馬可・波羅遊記》中提到，狗頭人曾出現在緬甸安達曼群島。據目擊者所言，狗頭人是一種生性殘忍的動物，牠們往往會將抓到的人生吞活剝。

野蠻的混雜種

在著名的《曼德維爾遊記》中，作者約翰・曼德維爾將狗頭人列入奇幻生物中，將其歸為奇異怪獸。從書中，我們瞭解到牠們小範圍群居在洞穴中，睡在鋪著葉子的床上，穿著用獸皮製的衣服。男人和女人都長著狗的尾巴，牙齒比狗牙還長，有帶鉤的長長爪子，渾身長著毛。牠們嗜食生肉，用弓箭或標槍圍捕獵物，不排斥吃鮮美的人肉，牠們很容易被嗜食人肉的本性征服。

是人還是獸？

很少人會去懷疑牠們的存在，大部分人只是懷疑牠們的本性：是人還是獸？爭辯就此拉開帷幕，教士們就狗頭人的來歷與牠們的身分展開了一番爭論。狗頭人長著狗頭人身，這樣的矛盾使牠們非常接近人性與獸性的邊緣。牠們可能是亞當的後代嗎？牠們有靈魂嗎？一部分人傾向於將牠們歸為純粹的動物，理由是牠們熱衷於異教徒式的狂歡，享受殺戮，嗜食人肉。牠們不更像是獸類嗎？另外一部分人則認為牠們是人類，因為牠們制定了自己的法律，熟知餵養牲畜與種植，還穿衣服，有羞恥心。

我們不忘撕扯母牛的乳房，我們挖出猞猁的眼睛，我們蹲在大樹的高處往下拉屎，我們在光天化日之下做盡壞事：撕碎鮮花，嚼碎果子，攪混清水，強姦婦女。我們力大無窮，我們鐵心石腸，我們是萬物之主！使勁，我的夥伴們！讓下頜咯咯作響起來！

——福樓拜《聖安東尼的誘惑》1874年

Chapitre Ⅲ
地下生物

Créatures souterraines

Les mondes du dessous

地下的世界

地球是不是一個中空的星球？十八世紀的時候，英國天文學家愛德蒙·哈雷提出了地球空心論，他認為地球內部是由多個空心球體套起來組成的。每一層都有適宜居住的地區，上面有高山、平原、海洋，還有不詳的奇怪生物。儘管地質學家明確否定了這套理論，但是不同文化、不同宗教信仰的人們始終被地下的世界深深吸引著，因為那象徵著我們的無意識[①]。

一切往深淵的下沉都象徵著往無意識的深入：進行地下探險的目標表明難以企及的珍寶（項鍊、處女、長生不老藥）就藏在最危險的地方（海底深淵、岩洞、島嶼、森林以及城堡等[②]），其中英雄的神話故事就是最普遍的例子。通往深不可及的岩洞道路只是第一步，接下來人們將經受無數的考驗，直到最後一步圓滿完成。維吉爾的詩歌中體現了洞穴的象徵意義，他將埃涅阿斯交給洞穴，讓他經歷最嚴酷的考驗。柏拉圖則把人束縛在洞穴裡，讓他們只能看到石壁上的皮影戲。許多英雄都會深入洞穴之中，將它當作學習旅程的開始，通過一種「向死而生」[③]的方式，在那裡學會死去，然後在那裡復活。

洞穴是完成地下探險的絕佳之地。我們可以在福樓拜的《聖安東尼的誘惑》中讀到一段非常精彩的描寫，講述的是卡多普雷斯、蛇蜥、格里芬，以及其他不可思議的生物，牠們紛紛從人們想像的滾滾熔爐中爬出來：「我是富麗堂皇的深淵主人。我瞭解讓歷代國王沉睡的陵墓祕密。牆上的鐵鍊緊緊勒著他們的頭。在他們旁邊，在斑岩池中，他們曾經深愛的女人漂浮在黑水上。他們的珍寶被堆在大大小小的房間裡，堆成菱形、小山狀，還有金字塔狀；經過長途跋涉後，來到更深處，也就是陵墓的下方，一切都在令人窒息的黑暗之中，那裡有黃金河、鑽石林、紅寶石平原和水銀湖。背靠著地下的門，爪子朝天，我用燃燒著烈火的眼睛監視著不速之客。一望無際的平原寸草不生，被探險者成堆的白骨照亮。銅門大開著，你會聞到礦石的氣息，你將進入深淵……快，快！」

---

① 在弗洛伊德的精神分析理論中，將人的精神意識分為意識、前意識、無意識三層。無意識成分是指那些在一般情況下根本不會進入意識層面的東西，比如，內心深處被壓抑的欲望，祕密的想法和恐懼等。

② 出自C. G.榮格（1875—1961）的作品《心理學和煉金術》，出版於1944年。

③ 出自尚·比斯的作品《藝術、靈知和煉金術》，出版於1987年。

牠可以更新皮膚，返老還童。只要牠感到自己快要變老了，

L'ouroboros

奧羅波若蛇——一切盡在尾中

名字：奧羅波若蛇
體形：不詳
特點：長生不老
食物結構：食肉
地理分布：非洲、美洲
棲息環境：岩洞、地下

◀《蛇吞其尾》米歇爾·梅爾
《煉金術條約》1618年

奧羅波若蛇在希臘語中是銜尾蛇的意思，牠更廣為人知的稱呼是咬尾蛇。奧羅波若蛇的身體向內彎曲，直至形成一個完美的圓，首尾相接，無始無終，象徵著無窮無盡的宇宙。在古希臘、古羅馬時代，著名作家普魯塔克將牠與日月星辰聯繫起來。煉金術師與其他的玄學愛好者則在牠身上看到了身體譜寫的偉大篇章，達到了天人合一的境界。對於古希臘人、古羅馬人或者古埃及人來說，牠身體的環繞是掌控時間循環與永生輪迴的標誌，正如浴火重生的鳳凰一樣。蛇蛻皮的屬性讓人們更加確信這個觀點。

一切盡在尾中

但是與鳳凰不同，奧羅波若蛇咬著尾巴，從自身的肉體中獲得再生。在法國，有一個流行的古老的信仰，如果人們斬斷了一條蛇的尾巴，很快牠就可以再生出蜥蜴的尾巴，並獲得重生。不難想像，在人們的觀念中，蛇尾是獲得重生至關重要的因素。奧羅波若蛇透過咬著自己的尾巴的方式，將重生的因素吞入腹中，從此獲得永無止境的再生能力。

智慧的守衛者，時間的主宰者

在古希臘語中，奧羅波若蛇還有第二層意思，煉金術師們更傾向於這層解釋——監視者，他們認為奧羅波若蛇是智慧神殿的監視者和守護者。只有接受與其正面對決的人才有資格進入保衛森嚴的神殿。在煉金術師的理論中，爬行動物是長生不老藥的最初變體。尾中活性元素與口中惰性元素的結合讓活性元素——著名的生命之氣，化為惰性元素，於是便開始了永不停息的重組。

L'amphisbène

兩頭蛇—活在矛盾中的生物

兩頭蛇是一種含有劇毒的蛇，其身兩端各有一個蛇頭，普林尼說牠「就像是一個頭不夠裝下牠的毒液一樣」。中世紀精美的畫作中，畫家作為獎賞，給牠添了一對翅膀與一對雞爪。人們經常將牠描述為頭上長著角、眼睛發光的龍。牠的第二個頭置於尾巴上。一些人認為，兩頭蛇是可怕的生物；另一些人則認為，兩頭蛇讓他們肅然起敬。因為在巴西，雙向行走的兩頭蛇被譽為「大地之主」或「螞蟻之王」。儘管兩頭蛇忘恩負義以螞蟻為食，但是螞蟻還是悉心照顧牠、餵養牠。J.伍德這樣寫道，當切開蟻后的肚子時，經常可以看到一條兩頭蛇舒服地躺在肥厚的脂肪裡，像賣弄著某種安逸生活的弄臣。蟻后經常會被這爬行動物蹂躪！

名字：兩頭蛇
體形：不詳
特點：長生不老
食物結構：食肉
地理分布：非洲、美洲
棲息環境：岩洞、地下

►《兩頭蛇》拉丁細密畫
《拉丁動物寓言集》十三世紀
法國國家圖書館

牠擁有兩個頭，身體的前後各一個；兩個頭都具有攻擊性。而且牠可以靈活地往前或往後走，牠的眼睛像蠟燭一樣閃耀著光。

——布魯內托·拉蒂尼《寶庫》1263年

meris verum quem corpulencia necat. Sepultum enim putredo sequitur. Spectaficus aspis qui dum momorderit hominem statim eum occidit vel consumit ita ut liquefiat totus in ore serpentis. Cerastes aspis dictus eo quod in capite cornua habeat similia arietum. Ceras enim grece cornua vocant. Sunt autem illi quadrigemina cornicula quorum ostentatione veluti esca illiciens sollicitata animalia perimit. Totum enim corpus tegit arenis nec ullum indicium sui prebet, nisi ex ea parte qua invitatas aves vel animalia capit. Est autem flexuosus plusquam alie serpentes ita ut spinam habere non videatur. De aspide propter diadema, quod obturat aures suas ne audiat vocem incantantis. Tales sunt homines quidam huius seculi vel mundi, qui in desideriis terrenis aurem deprimunt unam, aliam vero de peccatis preteritis, ne audiant vocem domini dicentis: Qui non renunciat omnibus que possidet non potest meus esse discipulus. lat simus. Hoc quoque solum aspides faciunt, ut aures obturent. Isti vero et oculos suos excecant ne videant celum, neque recordentur operum dei. Scitalis. Capitulum.

Scitalis serpens vocata quod tanta prefulget tergi varietate ut notarum gratia aspicientes retardet, et quia reptando pigrior est, quos assequi non valet miraculo sui stupentes capit. Tanti autem fervoris est ut et hiemis tempore exuvias corporis ferventes exponat. De quo Lucanus: Et scitalis sparsis etiam nunc sola pruinis, exuvias posita suas. Anfivena. Capitulum.

Anfivena dicta eo quod duo capita habeat, unum in loco suo, alterum in cauda, currens ex utroque capite tractu corporis circulato. Hec sola serpentium frigori se committit, prima omnium procedens. De qua idem Lucanus: Et gravis in geminum vergens caput anfivena. Cuius oculi lucent veluti lucerne. Ydrus. Vel ydra dicta ab ydor quod est aqua. Ydra tamen serpens draco multorum capitum est.

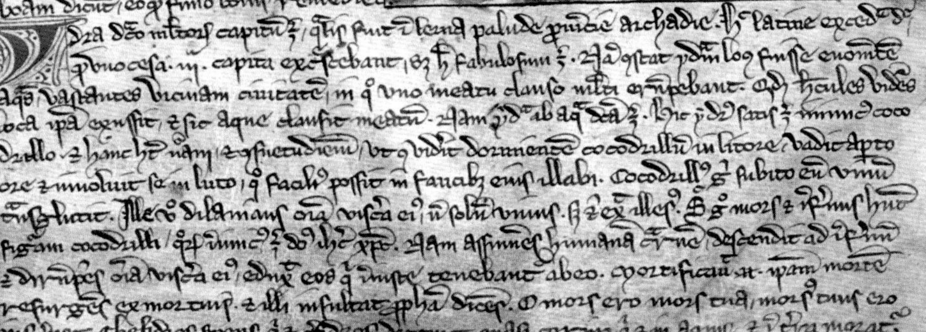

Enudris vel ydrus coluber in aqua vivens, nascens in Nilo flumine. Grece enim aqua ydor vocatur. Ydros aquatilis serpens, a quo icti obturgescunt. Cuius quidam morbum boam dicunt, eo quod fimo bovis remedietur.

Ydra draco multorum capitum est, qualis fuit in Lerna palude provincie Archadie. Hunc latine excedram dicunt, quod uno ceso tria capita excrescebant, sed hoc fabulosum est. Nam constat ydram locum fuisse evomentem aquas vastantes vicinam civitatem, in quo uno meatu clauso multi erumpebant. Quod Hercules videns loca ipsa exussit, et sic aque clausit meatum. Nam ydra ab aqua dicta est. Hic ydrus satis est inimicus cocodrillo, et hanc habet naturam et consuetudinem, ut cum viderit dormientem cocodrillum in litore, vadit et primo ore et involuit se in luto, quo facilius possit in faucibus eius illabi. Cocodrillus igitur subito eum vivum transglutiat. Ille vero dilanians omnia viscera eius, non solum vivus, sed et exit illesus. Sic ergo mors et infernus hunc figuram cocodrilli, quorum inimicus est dominus noster Jhesus Christus. Nam assumens humanam carnem descendit ad infernum et dirumpens omnia viscera eius, eduxit eos qui iniuste tenebantur ab eo. Mortificavit enim ipsam mortem resurgens ex mortuis. Et illi insultat propheta dicens: O mors ero mors tua, morsus tuus ero inferne. Chelidros serpens, qui et chersidros dicitur, quasi cersimis, qui et in aquis et in terra moratur.

Cocodrillus vero hic inimicus est bubalo, et bubalus ipsi. Vasa in eo sunt cocodrillo.

會思考的兩個頭

擁有兩個頭的蛇不僅可以將同一件事情思考兩次，同時還給牠們的主人帶來許多便利。因為牠有兩個頭，所以當牠被攻擊的時候，可以從兩個不同方向向對方咬去。這兩個頭也可以用來迷惑對方，當牠要逃跑的時候，牠也可以自如地往前或者往後跑。如果有一個頭睡著了，另一個頭會保持清醒，警惕敵人的到來，拖著剩餘的身軀。如果牠受傷了，或者自願將尾巴分離了，牠還有能力將分解的身體重新組合起來。每一部分分布著一個頭，每一個自主獨立的部分都可以毫無阻礙地與另一部分匯合。如此詭異奇妙的本領讓人類忍不住想把牠製作成藥物，然後占為己有。1798年，在《蘇利南之旅》這本書中，船長約翰．加布里埃爾．斯特德曼說：「將兩頭蛇的肉晒乾研磨為粉末以後，可以製成一劑神藥。只要有了牠，所有的骨折都可以治好」。

儘管牠戰果累累，能力非凡，但也有缺陷，就是兩個頭經常會陷入矛盾之中。兩個頭象徵著內部的鬥爭，正義與邪惡的較量，自我意識與黑暗勢力的角逐。兩頭爬行動物的神話靈感來源於現實的生物，來源於與眾不同的蛇族。兩頭蛇最早出現於1.35億年前的白堊紀，適應了地下生活後，牠們暢通無阻地在地下複雜的通道爬行，自如地往前或者往後走。毫無疑問地，牠們是「最猶豫不決的生物」。

los q naciam a qny e ūa
de hombres Ricos

Le quetzalcoatl

羽蛇神—天地之子

名字：羽蛇神、蛇鳥、蛇神
體形：高1.8～2公尺
特點：天地之子
食物結構：食肉
地理分布：墨西哥
棲息環境：天上、地下

羽蛇神孕育於一位處女的腹中，祂是神的混種，深受托爾特克人①以及阿茲特克人②的崇拜。在神話故事中，祂時而被稱為巫師，時而被稱為神父，在十一世紀掌管著托爾特克人的城市圖拉。祂可以以羽蛇的形象示人，裝飾著格查爾鳥鮮豔羽毛的響尾蛇；也可以以人的姿態出現，臉戴鳥喙的面具，身披甲殼，頭裹豹皮。祂的兩耳各飾有一副貝殼耳環，紀念祂的海洋地獄之旅。

▲《羽蛇神》《波旁尼克手抄本》十五世紀後期　法國國會圖書館

►《羽蛇神》狄亞哥．杜蘭《新西班牙印度歷史》1579年　馬德里國家圖書館

立於天地之間

身為蛇鳥，羽蛇可以遨遊於天地之間，馳騁於黃土之下。祂被內在的二重性打上深深的烙印，詮釋著人性的複雜。作為天地間的神靈，祂影響著四季輪迴，主宰著對農作物生長至關重要的氣候。羽蛇神與五穀豐登有千絲萬縷的關係，農作物玉米與祂有很大的關聯。玉米的葉子讓人聯想到鳥類的羽毛，而玉米棒正如表面粗糙的蛇鱗。

---

① 托爾特克人，是十世紀左右生活在墨西哥中部地區的民族，他們擁有自己的文化，以建築和手工藝品而聞名，留下了大量的文化遺產。

② 阿茲特克人是北美洲南部墨西哥人數最多的印第安人，其中心在墨西哥的特諾奇，故又稱墨西哥人或特諾奇人。

死亡與重生

羽蛇神的兩重性不局限於祂有兩種動物屬性。由於祂介於天地之間、光明與黑暗之間，正如每日東升西落的太陽，因此人們經常將祂與太陽聯繫起來。身為黎明與黃昏的主人，祂是入教之旅的標誌，是自我犧牲的符號，是兩個世界的通道，象徵著兩種不同的意識形態。被羽蛇神吞下的凡人一定會死去，但這只是旅程的一部分。在旅途的盡頭，他們會在羽蛇神令人敬畏的腹中脫胎換骨。

初學修士要進入超自然的爬行動物的身體裡；蟒蛇將他們一口吞入腹中，將他們化為使自己長生不死的精髓。在地下世界的停留，意味著超人類被超人類消化吸收，最終達到質變。

——皮爾．戈登《遠古時代的形象》1949年

Abrasax

阿布萊克薩斯—長著紅色翅膀的惡魔之首

阿布萊克薩斯長有一對有黑條紋的紅色翅膀，人身雞頭，披著甲冑，以蛇為腳，從大地之腹破土而出，率領著軍團叱吒風雲。牠主宰著地獄的一部分，猶如萬惡之源的化身。在561年到563年間召開的布拉加主教會議上，牠被列為惡魔之首。但是牠的情形比想像的更加複雜，牠的本性具有兩重性，甚至會自相矛盾。牠的兩重性首先體現在牠的臉上，牠長著一雙邪惡的眼睛卻擁有天使的微笑。牠的靈魂亦是如此，自始至終充斥著善與惡的鬥爭。

名字：阿布萊克薩斯
體形：不詳
特點：飽受折磨的反英雄角色
食物結構：不詳
地理分布：亞歷山卓
棲息環境：斷層處、地下

天神抑或惡魔？

阿布萊克薩斯令人心驚膽戰，其外貌就已經將不同能力的圖騰組合在了一起。首先公雞是擁有智慧與警惕性的象徵，雞鳴則日升。牠驅散黑暗，帶來光明。地獄之神還能換皮重生，這主要是蛇象徵著永生的輪迴。牠的上半身的甲冑象徵著為了獲得智慧與知識而鬥爭的必要性。牠手持的盾牌上刻著希臘字母 ι、α、ω，可以保護牠在戰場上無往不勝。

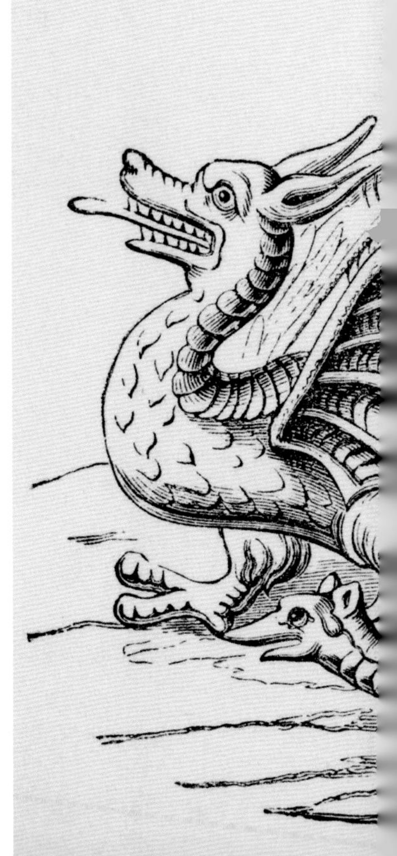

►《龍》保羅．拉克魯瓦
《中世紀和文藝復興時期的藝術》1878年　私人收藏

阿布拉卡達布拉！

作為反英雄的形象，阿布萊克薩斯始終處於半明半昧中，牠有點像巫師，有點像魔術師。牠熟知植物與寶石之主，還能變出一堆小鳥，所以人們會從牠的名字中提取著名的咒語——阿布拉卡達布拉。在中世紀，人們會念這句咒語向神明祈求安康。但是牠的魔力正如牠本身一樣表現著矛盾的兩重性，念咒語一方面可以祈求神明的保佑，另一方面卻可能招來惡魔……

噢，阿布萊克薩斯的河水呵，
帶走我的心，將它徹底洗淨！
軍營裡淫穢的段子，
敗壞了我的心！

——亞瑟・韓波《小丑之心》1871年

Le ver à pattes des Alpes

塔佐蠕蟲—洞穴中的劇毒攜帶者

名字：塔佐蠕蟲、有爪蠕蟲
體形：長0.5～1公尺
特點：長有前爪的蠕蟲
食物結構：不詳
地理分布：阿爾卑斯山地區
棲息環境：山洞（海拔500～2000公尺的山）

關於塔佐蠕蟲的傳說橫跨整個阿爾卑斯山地區，在不同的國度、不同的語言中以不同的名字流傳著，包括瑞士、奧地利、斯洛維尼亞、法國、德國以及義大利等國家。在口耳相傳的故事中，牠是一條巨大的蠕蟲，一般都隱藏在洞穴深處以及陡峭的岩壁上。根據一些人的說法，牠身披鱗甲，有像蛇的舌頭一樣分叉的舌頭。還有一些人被牠的外形吸引，牠有發亮的皮膚、凸起的眼球、圓滾滾的身體下隱約可見的細前爪。作為穴居動物，大部分時間牠都待在黑暗中，只有少數情況下才離開洞穴。如果牠恰好碰上了誤闖進來的徒步者，牠會立馬以一跳幾十公尺的速度蹦到不速之客的眼前，像蛇一樣展開攻擊，發出嘶嘶的聲音。牠的毒液毒性很強，足以快速殺死一個在錯誤的時間出現在錯誤地點的可憐人。

從指縫間溜走的神話傳說

到目前為止，仍沒有任何人能夠提供令人信服的證據，以證明塔佐蠕蟲的存在。來自不同管道與官方描述相違背的信息更是讓牠的身分撲朔迷離。在一些記載中，牠身長15公尺，以四足奔跑，直上直下地跳躍……還有一些流傳的玩笑話和弄虛作假的照片—有一張拍於1934年的照片，出自一個瑞士徒步者之手，他對天發誓看到了一根像樹幹一樣的東西在他眼皮子底下移動。

►《雜交怪物—塔佐蠕蟲》沃爾特．莫利諾 義大利畫報《週日信使》1954年

毒蜥抑或蛇蜥科？

塔佐蠕蟲是否存在仍迷霧重重，神祕動物學家對牠也展開了很多爭辯。雅各布·尼可路西認為，牠應該是沒有被編入目的希拉毒蜥之近親，屬於毒蜥科，牠們獨特的一點就是會分泌有毒的唾液。而伯納德·霍伊維爾曼認為，塔佐蠕蟲應該屬於蛇蜥科，是脆蛇蜥的祖先。就目前來說最後一種說法最可信，因為一方面，蛇蜥科生物確實遍布歐洲，而毒蜥科生物僅僅出現在美洲；另一方面，蛇蜥科中的確存在一部分體形龐大、前爪萎縮的生物。

早中世紀，關於塔佐蠕蟲的傳說就已流行。傳說牠是一種最原始的龍，還沒有進化出龍的屬性與能力。更簡單地說，就是牠還處在龍進化的第一階段。

Le basilic

蛇蜥——長著皇冠的高貴動物

名字：蛇蜥、百蛇之王、爬行動物之王

體形：長15公尺

特點：長著似皇冠的肉冠

食物結構：哺乳動物、鳥類、爬行動物

地理分布：非洲、歐洲

棲息環境：沙漠

古代的自然學家一直熱衷於爭論蛇怪的來源。一些人認為，牠是公雞與雌性蛇交配的產物。另一些人則認為，牠是青蛙在糞便上孵雞蛋而孵出的，牠的名字在古法語中是coquatrix（公雞之子），表明了牠們的親子關係。還有一些人認為牠是公雞與蟾蜍的愛情結晶，因為眾所周知，由一隻蟾蜍孵雞蛋，必定會孵化出一條擁有邪惡力量的巨蛇。還有一部分人堅信，牠的來源是蛇髮魔女戈耳戈的鮮血，戈耳戈的眼睛擁有石化的能力。

多姿多彩的高貴形象

牠混亂的親子關係給各種風格的繪畫提供了題材，也給創作者留下了廣闊的想像空間。從古希臘時期、古羅馬時期開始，蛇怪時而是長著龍尾的公雞，時而是長著雞翅膀的蛇。在老普林尼時代，人們將牠描述為一頭蛇，腦袋上長著皇冠一樣的花斑，牠的名字是小國王的意思。在中世紀的動物寓言集中，人們將牠描繪成一隻戴著皇冠的公雞，渾身長刺，還有一條蛇尾。阿爾德羅萬迪給牠的翅膀加上了鱗甲，將牠變成了用八個爪子行走的動物，以此來突出牠荒誕怪異的特性。

►《阿斯科拉庇俄斯凝視蛇蜥》拉烏爾·拉菲爾《特洛伊歷史故事集》1470年　法國國家圖書館

►《神話動物蛇蜥》塞巴斯丁·謬斯特《宇宙學》1558年　巴塞爾私人收藏

▼《聖特勒弗的奇蹟》維托雷·卡巴喬　1507年　威尼斯聖喬治大學

罪與罰

蛇怪不僅形態繁多，而且擁有令人毛骨悚然的武器。牠可以用利爪向獵物注射一種可致猝死的毒液，牠的黃眼睛能讓直視牠的人當場石化，牠的氣息所具有的毒性可以讓稍微靠近牠的生物都窒息而死……牠飲用過的水在幾百年後仍具有毒性。牠只需一個眼神就可以殺死飛鳥、腐化水果、擊碎石頭或者點燃野草，許多人都認為牠是不可戰勝的。煉金術師則深信牠那顏色鮮豔的血（被稱為「土星血」）可以解除妖術，甚至讓祈禱成真。雖然牠非常強大，但也有致命弱點，正如阿基里斯的腳踝。只需要一面鏡子，讓牠在鏡子裡看到自己便可以戰勝牠。根據老普林尼所述，這頭讓人聞之喪膽的野獸也可以被一種小動物殺死──鼬。牠完全受不了鼬的一絲氣味，看一眼鼬也不行。

曾經有一條小飛龍，牠十分討人喜歡。匠人把牠製造得非常完美，很多人都被牠的表象騙了。因為牠其實不過是一條小鰩魚， 人們用某種方式將牠

翻轉過來，舉高牠那像翅膀的魚鰭，調整好牠那似蜇針的小舌頭。人們還給牠加上了爪子、釉質的眼睛，以及其他靈巧的小部件。看，蛇蜥就這樣被造出來了。

——馬克西姆連·米森《義大利新的征程》1688年

Chapitre Ⅳ
海底生物

Créatures sous-marines

À la conquête du monde sous-marin

攻克海底世界

海底深淵藏著令人恐懼的未解之謎，收容著一去不復返的旅行者。黑暗的海底世界就像個大漩渦，充斥著各種各樣的怪物，有掀翻來往船隻並將其整個吞入腹中的巨型章魚，有龐大的利維坦、克拉肯，還有讓人聞之喪膽的海龍。

以擴張世界版圖為樂的亞歷山大三世[①]是第一個企圖攻克海底世界的人物。傳說亞歷山卓（又名亞歷山大港）總會定期被海底怪獸洗劫，所以國王決定命人打造一隻水鐘，懸掛在船底以便尋找怪獸的巢穴……在接下來的十四個世紀裡，人們始終被可怕的海底深淵深深吸引著，不計其數的航海者為了尋找新大陸開始了深海探險。有些人是為了財富，潛入海中尋找沉船和珍寶；有些人是為了發現新物種；還有些人只是純粹為了滿足自己的好奇心。

聞所未聞的風景和奇形怪狀的生物在人類面前揭開了神祕的面紗。1872年，海洋學帆船行動「挑戰者」得出結論：在水深5500公尺處仍有生命跡象，所以海底根本沒有極限！就像海底的深度沒有極限一樣，物種的存在也沒有極限，海底世界永遠有待探索。探索的路途一定非常漫長，海底深淵始終籠罩在黑暗之中。儘管人類已經踏上了月球，各大洋有60%的部分仍處於未探索地帶……如今，我們對其他星球的瞭解遠遠超過了對海底世界的瞭解！生活在海底的80%的生物到底是什麼？還有多少處於神祕光環中的事物？

---

① 亞歷山大三世（1845—1894），俄羅斯帝國的皇帝，1881—1894年在位，亞歷山大二世次子。

La serre

鋸鰩—只有三分鐘的熱度

名字：鋸鰩
體形：巨大無比
特點：只有三分鐘的熱度
食物結構：食肉
地理分布：不詳
棲息環境：海底深淵

各種版本的中世紀動物寓言集中對鋸鰩的特性與外貌說法各異。菲利普·德·塔昂認為，鋸鰩長著翅膀、魚尾獅頭。里夏爾·富爾尼佛則認為鋸鰩是一隻力大無窮的巨鳥，其飛行速度比羽翼如劍的白鶴還快。還有人覺得牠應該是一種龍或巨大的飛魚。眾說紛紜，但眾人卻一致同意諾曼神職人員威廉在《神聖動物寓言集》中提到關於鋸鰩的說法：牠居於無邊無際的海底，牠只不過是一頭「迷你的」動物（當然這是反語），即使是最勇敢的水手也會被牠龐大的體形嚇得目瞪口呆。

鋸鰩是一種長著翅膀的海底生物。當牠看到全速前進的大船迎面而來時，便展開翅膀鼓起風來，拼盡全力去趕超。當牠厭倦了做無用功時，就會收攏翅膀以示服輸，任由大海將牠吞沒。

——里夏爾·富爾尼佛《動物寓言集》1250年

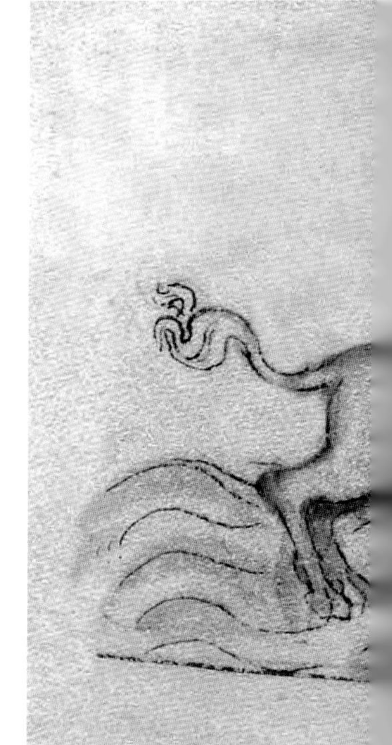

►《被鋸鰩襲擊的船》《瑪麗皇后詩篇》大英圖書館

跑步競賽

作為挪威海怪克拉肯的親妹妹，關於鋸鰩的畫面大多是這樣的：牠扇動著翅膀阻礙船的前行，以趕超船隻為樂。牠的身軀與翼展巨大，可以輕易地阻擋最強勁的海風。「因此鋸鰩成了水手最擔憂的風險，誰都不希望惹上這麼一個可以讓船隻傾覆的怪獸。」諾曼神職人員威廉如是解釋道。有時候像是為了娛樂的多樣性或更好地打開胃口，牠會潛到水下去追趕船隻。當牠浮出水面時，牠如鋸齒的背便輕易地鋸開了船體。

三分鐘熱度的脾性

儘管鋸鰩擁有可怕的力量，但是仔細觀察會發現，牠不過是以業餘愛好者的身分玩耍。根據諾曼神職人員威廉的說法，牠追趕船隻不過是一時興起，如果在幾百公尺遠的距離中跟丟了獵物的話，牠很快就放棄了，任由海浪將自己捲入海底深處。「牠長時間用這種方式追趕著，直到不可能再往前走了。牠只能又沉入海底，承認自己輸了。大海將其淹沒，吞沒，直至拖入海底。」儘管讀者眼見著牠破壞慾膨脹，興致高漲，甚至感受到牠的氣息將自己捲入愉悅中……最後還是無疾而終，就像嘆了一口氣一樣。這故事的寓意就是：越是雷厲風行的人，越是只有三分鐘熱度。

Le buru

布魯巨蜥——舌頭分叉的怪獸

1947年，一支科學考察隊深入印度東北部的濟羅山谷深處，山谷位於印緬邊界的阿薩姆群山中，那裡從未有人探索過。人類學家在那兒遇到了當地土著——阿帕塔尼人，他們與世隔絕，仍生活在石器時代。在與考察隊深入交談的過程中，他們談到了居住在沼澤地的一種類似蜥蜴的動物，這是西方人第一次聽說布魯巨蜥。很快，一支新的考察隊就追隨著前者的腳步來到當地。他們的任務是瞭解更多關於巨蜥的信息，希望找到牠們存在的證據，並帶回西方世界。

名字：布魯巨蜥、巨蜥
體形：4～5公尺
特點：嘴巴前伸、舌頭分叉
食物結構：食肉
地理分布：印度東北部
棲息環境：湖泊、沼澤

▶《布魯巨蜥》亞歷山德羅·洛那提 2012年

從水生爬行動物到在地下生存的魚

很快，倫敦動物園前園長——動物學家查爾斯·斯托納以及記者拉爾夫·伊薩德就帶回了大量的證據。布魯巨

牠的身體跟人類的身體非常相似，牠可以用手臂環抱自己，環背的時候形成的圓直徑可達50公分。一條凹凸的鈍線沿著背面一直延伸到身體兩側。牠四肢粗短，像鼴鼠一樣。布魯巨蜥的尾巴強壯有力，長約90至120公分，而且每一側都有大瓣深條紋。牠的皮膚像魚鱗一樣，身體上部像大理石一樣黑白相間，下部則微微發白。

——拉爾夫·伊薩德《獵捕布魯巨蜥》1951年

蜥是一種笨重的動物，體長達4.5公尺，脖子粗短，頭大。牠有凸出的長嘴，由三塊骨頭組成，底下一塊，兩邊各一塊。牠還有像蛇的舌頭一樣分叉的長舌頭，像人類的牙齒一樣平整的牙齒。但如何將布魯巨蜥歸類卻難倒了神祕動物學家。伯納德·霍伊維爾曼認為牠是一種在水中生存的科摩多巨蜥。卡爾·舒克的觀點是將牠歸入魚類。他認為布魯巨蜥是一條巨大的肺魚，所以牠才可以在旱季的時候在湖底生活。

土地爭奪戰

一開始，古老的阿帕塔尼人就告訴探險隊，濟羅山谷處處都是沼澤，裡面生存著大量的布魯巨蜥。由於生活在水裡，而且生性溫和，布魯巨蜥很少被人看到。冬天牠們會藏在淤泥底下，需要晒太陽、取暖的時候，就會爬到河岸邊。隨著愈來愈多的人開始定居在這氣候宜人、土地肥沃的地區，人類與布魯巨蜥的關係也愈來愈緊張。在這種情況下，看似溫和的布魯巨蜥毫不猶豫地用牠們強有力的尾巴保衛著自己和小孩。但是阿帕塔尼人決定將這群礙事的怪物斬盡殺絕。湖水被慢慢地排盡，人們開始在湖裡種上水稻。布魯巨蜥的棲息地也就隨之慢慢地消失。最後一批布魯巨蜥最終被不願與其共享領地的人類用石頭砸死了。

Le mokélé-mbembé

魔克拉-姆邊貝──脾氣暴躁的剛果恐龍

小小的腦袋，長長的脖子，體形如大象，尾巴如鱷魚的尾巴，長達十公尺，這就是剛果恐龍──魔克拉－姆邊貝，傳說中的河流阻斷者。牠堪稱完美的兩棲動物：白天，牠會上岸食水草果腹，隨後便返回巢穴；晚上，牠就一直待在水底牠精心挖掘的洞裡。牠是嚴格的素食主義者，但因為牠強大的力量，人類對其心存戒備。傳言牠只需輕輕一掃尾巴，便可以掀翻一艘獨木舟。當地人宣稱牠脾氣暴躁，曾掀翻無數艘小船。

名字：魔克拉–姆邊貝

體形：長8～10公尺

特點：似角的長牙

食物結構：食草

地理分布：剛果、喀麥隆、加彭、尚比亞

棲息環境：熱帶雨林、河岸、水下洞穴、沼澤

阻斷河流者

1776年，第一批考察隊來到當地並記錄下直徑為30公分的帶爪腳印，人們認為這正是魔克拉－姆邊貝的腳印。許多探險家在剛果流域盆地周圍四處尋找，就是為

牠皮膚光滑，呈灰褐色；牠的身高跟大象比差一點，但是起碼有河馬那麼高。傳言牠有又長又軟的脖子，雖然只有一顆牙齒，但是特別長。有人說牠跟鱷魚一樣，有一條有力的尾巴。也有人說凡是靠近牠的船隻都非常危險──牠會攻擊所有的船隻，並殺掉船上所有的人，卻並不是為了填飽肚子。

──男爵馮·斯坦·祖·勞斯尼茨（喀麥隆殖民地軍隊上尉）1913年

了蒐集相關的資料和證據，還有口耳相傳的童話和傳奇故事。1919年，當地人給男爵馮·斯坦·祖·勞斯尼茨呈上了一根被咬了一部分的藤蔓。1976年，爬行動物學家詹姆斯·鮑威爾來到加彭考察，將梁龍的照片給當地人看，他們一眼就認出是魔克拉-姆邊貝。

最後一隻恐龍？

儘管生物學家認為雷龍（雷龍與梁龍為同科目，有血緣關係）在6億5千萬年前的侏羅紀時期就已經滅絕了，但牠與魔克拉－姆邊貝有諸多相似之處，這是很激動人心的。神祕生物學家認為，魔克拉-姆邊貝就是穿越時空的活化石，跟鱟、歐卡皮鹿（獾㹢狓）、矛尾魚一樣。某些動物學家則認為，牠更有可能是一種不詳的巨蜥，也有可能人們將牠與鱉弄混了。那麼牠到底是恐龍的活化石還是巨蜥，抑或是無中生有的呢？為了得到最終的答案，人們只能收集更多的材料。新的考察隊發現了河岸邊濕地上的腳印，並且帶回了影像資料，可惜沒有什麼研究價值。1993年，羅里·紐根特聲稱拍到了一隻身分不明的水生動物從泰萊湖游過，但是因為距離較遠，照片很模糊。奇奇怪怪的證據和層出不窮的假新聞加重了籠罩在剛果恐龍身上的迷霧，也給各種解釋留下了廣闊的空間。

▲《魔克拉－姆邊貝》菲利普·庫德雷《神祕動物指南》2009年

在亞維儂與阿爾勒之間的森林裡流淌著隆河，河畔曾有一條龍，身體一半是魚，一半是動物。牠的體積比牛還大，比馬還長，長著像角一樣的尖牙利齒，身體兩側還長著翅膀。這頭怪獸會攻擊所有路過的人並掀翻所有來往的船隻。牠來自加拉太海，牠的父親是利維坦，一種生活在海上的蛇狀怪物；牠的母親是奧娜格爾，也是一種來自加拉太區域的海怪。牠就像渾身著火一樣，焚燒碰到的一切東西。

——雅各・德・佛拉金《黃金傳說》1017年

La tarasque

塔拉斯克龍──禍害人類的惡龍

名字：塔拉斯克龍

體形：比牛大一點

特點：長著翅膀，牙齒似角

食物結構：食肉

地理分布：法國隆河省、加龍省

棲息環境：森林、湖泊、江河

塔拉斯克龍居住於深湖或密林中。牠被認為是一條蛇與一頭驢的愛情結晶。大部分時間，牠都遠離人煙，但有時候牠也不得不出來覓食。村民們對牠噤若寒蟬，因為牠可以在短短幾秒的時間內生吞活剝一個漁夫或者年輕的衛兵。所有的生靈都沒有力量和勇氣去對抗一頭塔拉斯克龍，除了上帝的使者。

◀《迎神隊伍》2010年　馬德里歷史檔案館

▼《塔拉斯克龍和遊行者》C.M.塞爾蘇斯　1850年　歐洲和地中海文明博物館

聖女瑪爾達的奇蹟

十三世紀有一個神話，講述的是在隆河地區附近，村民們的祈禱顯靈，聖女瑪爾達出現，她來驅除禍害人類的塔拉斯克龍。聖女動身前去尋找惡龍，牠正在森林深處一如既往地享用人類的鮮肉。聖女與惡龍正面交戰，將十字架和聖水往惡龍身上擲灑，正中牠的臉。惡龍頓時鬆開了嘴裡的獵物，變得比小羔羊還要溫和。聖女用皮帶纏住牠的脖子拖著牠走，惡龍只能乖乖地低下頭，無法做任何反抗。回到村子以後，村民迫不及待地抄起傢伙擊打惡龍。

餘興節目

1471年，法國國王勒內決定將塔拉斯克龍納入普天同慶的耶穌升天日與聖靈降臨日的餘興節目中。從此以後，人們可以在歐西坦尼亞各大傳統宗教節日中看到塔拉斯克龍的身影。往日的惡龍早已消失，取而代之的是被一幫人舞動的花裡胡哨的龍。人們帶著牠在城裡鄉下的大街小巷遊走，在人們的尖叫聲中，聲聲爆竹與陣陣焰火從牠巨大的口中噴出。

雙眼紅如朱砂，

背上的鱗甲與尖刺令人瑟瑟發抖，

提著雄獅的頭。

為了跑得更快，

有六隻人的腳。

——腓德烈克·米斯特拉《米赫爾》第九章

La scolopendre cétacée

蜈蚣鯨——深海之王

關於蜈蚣鯨，人們知之甚少，只知其外貌酷似蜈蚣。牠棕黃色的背分成一節一節的，被認為是牠的保護殼，故又有一個外號——萬足鯨。牠長著龍蝦的尾巴，海象的頭或牛頭，有兩隻凸出的小黑眼。身體兩邊各長著一排三角形的魚鰭，在牠游動的時候會產生極大的推力。見過牠真容的水手們均表示，牠總是以垂直的方式上下起伏，露出水面的時候會噴射大量的海水，遠遠就可以看見產生的氣流。

名字：蜈蚣鯨

體形：長10～30公尺

特點：身體兩邊各有4～12個魚鰭

食物結構：不詳

地理分布：印度、越南、馬達加斯加

棲息環境：熱帶海洋、死水、沼澤

►《蜈蚣鯨》紀堯姆·龍德萊《魚類的歷史》1558年
法國國家自然歷史博物館

一艘活戰船

16世紀的自然學家紀堯姆·龍德萊描繪了蜈蚣鯨的輪廓，牠的魚鰭猶如船槳，身體則如兩邊各配備三支槳的船身。19世紀末，這種神祕的生物再次被提起。1856年7月8日，「公主號」的船長在南大西洋航行時，在他的航行日記中記錄下如下內容：「下午一點，我們看見了一條巨大的魚，長著海象的頭，圓頭鯨的魚鰭，足足有6對，但是以相反的方向轉動。背長6～9公尺，同時還有一條巨大的尾巴。」1883年，一個名為唐凡康的安南人，在越南下龍灣的海灘上發現了一隻擱淺生物的屍體。從脖子到魚尾共19公尺長（屍體無頭）。身體的每一節都有1公尺長、0.6公尺寬，還有兩個長達0.8公尺的附屬器官。

蜈蚣鯨用腳划行，就像船槳一樣⋯⋯水手均表示牠好幾次浮出水面，還看到牠的很多大鼻子裡長著毛。牠的尾巴像大龍蝦的尾巴一樣，身體的其他部分就像船兩邊各有三支船槳的戰船。

——紀堯姆·龍德萊《魚類的歷史》1568年

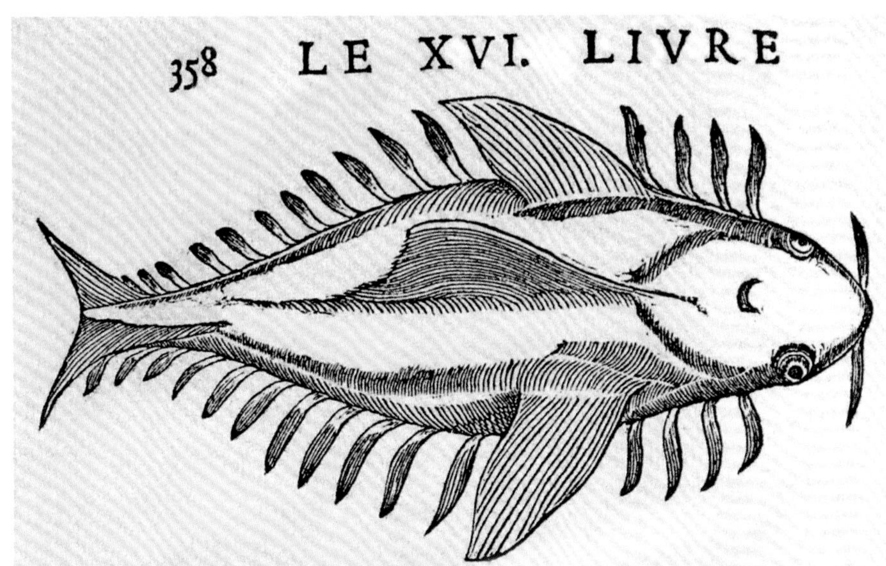
358 LE XVI. LIVRE

poils des narines fort grands, la queüe comme la queüe d'vne Langouste, le reste du corps peut estre comparé à vne galere de trois rames pour banc, des pieds deçà é delà comme des rames pour nager.

多鰭鯨

伯納德·霍伊維爾曼認為，龍德萊描述的蜈蚣鯨正是千鰭鯨，一種活躍在越南水域和馬達加斯加水域的海蛇。多鰭鯨可能是最初有鱗甲的鯨魚類的後代，與械齒鯨（又名龍王鯨）—在第三紀進化而來的蛇狀的archéocète是類似的。馬達加斯加島的當地人將牠命名為tompondrano，意思是深海之王。他們將牠描述為一種生活在沼澤地區的蛇。當牠離開水的時候，必定意味著災難的降臨。根據當地人的說法，牠是變成海怪的陸生蟒蛇變身而成的。他們描述牠長著龍蝦的尾巴，全身覆有硬甲，就像鱷魚一樣。

Le bunyip

本耶普──嗜食鮮肉的惡魔

本耶普出沒在澳大利亞近海領域，牠一般潛伏在湖底、河底或沼澤中。在當地畫家的筆下，牠們有的長著馬尾貓頭，有的則長著魚鰭和海象的長牙。這些畫拼湊感很強，一個原因是當地人聽到牠的聲音就瑟瑟發抖，不得不遠離所有可疑的水域，另一個原因是牠十分罕見。在澳大利亞有這麼一句諺語：在海裡尋找本耶普，就和「大海撈針」一樣，注定是不可能找到的。

名字：本耶普、澳洲水獸、惡魔、神靈、哇伊哇伊

體形：不詳

特點：嗜食年輕女子和小孩

食物結構：食肉

地理分布：澳大利亞

棲息環境：湖泊、沼澤、江河

►《本耶普》J. 麥克法蘭
《澳大利亞新聞畫報》1890 年
維多利亞州立圖書館

發現者的不幸

在當地的語言中，本耶普的名字意味著神明或者惡魔。當時人們認為這種生物既可怕又神祕。凡是受好奇

神祕生物學家解釋道：幾千年來，當地人口口相傳著關於本耶普的傳說，牠的原型很有可能是雙門齒獸──一種於4萬年前就已經滅絕的有袋動物，體形像河馬或犀牛。這種假設看似合理卻有一個漏洞：雙門齒獸根本不食人肉，牠們是溫和的食草動物……

心的驅使，不幸靠近牠洞穴的人，都沒有機會向世人講述他的所見所聞。本耶普嗜食鮮肉，不會給獵物留下過多的時間。牠長時間窺視著，用陰森又貪婪的目光看著牠的獵物，潛伏在牠的洞穴附近。牠耗盡寶貴的耐心，終於等到垂涎的獵物送上門，然後突然躍出水面，眨眼間將獵物吞入腹中，消失在水裡。

只是幻想嗎？

在澳大利亞殖民化初期，關於本耶普的一切都有待探索和發掘。第一批殖民者對當地的動物瞭解較少，在他們探索的時候聽到了一些不同尋常的動物叫聲，但是沒有人聲稱自己親眼看到了本耶普。也有可疑的足跡，但是都不能確定到底是不是屬於牠的。也就是說，人類一直無法找到確鑿的證據證明牠的存在。人們找到一個可疑的頭顱，但隨著檢測的深入，專家們最後證實這不過是骨頭變形的牛頭，而且人們聽到的奇怪的叫聲其實也不過是負鼠或者無尾熊的聲音。神話就這樣終結了。

Le drac

德拉克龍—可以隱身的魔術師

德拉克龍經常潛伏在河流的深處。與生父塔拉斯克龍不同，牠可以根據心情隨意變換樣貌—時而是水蛇，時而是浮出水面的人。只需要把混有鰻魚肉或者人體脂肪的油膏抹在牠身上，牠就可以隱身消失。牠平時只吃鰻魚和青蛙，也總是垂涎新鮮美味的人肉。拿那地區的古人曾對外宣稱，銅石並用時代的維維耶山洞正是德拉克龍的巢穴，牠們經常躲在那裡吞食獵物。

名字：德拉克龍
體形：如大狗或驢
特點：有變身、隱身的能力
食物結構：食肉
地理分布：法國（隆河省）
棲息環境：池塘、湖泊、江河

德拉克龍沒有信仰，粗魯無禮。牠大吹大擂，性情懶惰，陰險狡詐，玩世不恭……就算在好客之家，牠也隱姓埋名，只發出輕微的腳步聲與笑聲。牠生性邪惡，反復無常。

——伊波利特・巴布《無辜的巴勇》1858年

尋找奶娘的小龍

根據傳說，德拉克龍躲在法國的隆河省。牠隱身躲在河邊，等待著前來洗衣服的姑娘。被引誘的姑娘會被魔石裡的倒影催眠，乖乖地跟著龍走，即使在被吞食的時候也沒有一絲反抗。德拉克龍往往會對她們先姦後食，還會用剩下的脂肪製作隱身用的油膏。如果牠需要一個奶娘照顧小龍，就會留下一個活口。若姑娘虔誠地服侍牠，幾年後還可能被送回河邊，重獲自由。

滑稽的魔術師

如今已經沒有人再談起德拉克龍了。有些人認為，人們的遺忘就是牠已經消失的證據，或證明牠只是純粹的神話裡的動物。有些人則認為，這只不過是德拉克龍用隱身的方法和所有人開了一個玩笑，因為牠以愚弄人類為最大的快樂。牠最熱衷的玩笑是什麼呢？打開牛欄、豬欄，把所有的牲畜都放走，或者在夜裡偷偷編馬鬃玩。因為牠可以變換自己的外貌，所以牠可以混淆視聽，不停地惡作劇。隨著時間的流逝，傳聞也愈來愈多，人們會撞見牠以駿馬、飛蛇、膽怯的狼人、滑稽的小孩兒或者一陣風等面貌示人。

◀《人造海怪》康拉德・格斯納
《動物史》1558年 米蘭布萊登斯國立圖書館

Le kraken

克拉肯——以摧毀船隻為樂的海怪

名字：克拉肯、卡拉克、克拉伯、怪物島、魚島
體形：背長達2000公尺，觸鬚長達2000公尺
特點：以摧毀船隻為樂
食物結構：食肉
地理分布：斯堪地納維亞半島
棲息環境：深海

►《可怕的海妖克拉肯》
史蒂文．諾布爾

克拉肯海怪經常在斯堪地那維亞海域的漩渦中出沒。牠的體形有一座山那麼高大，觸鬚如軍艦桅杆一樣高一樣粗，每個皆長達500公尺。當牠浮出水面的時候，人們常常會把牠廣闊無邊的背當成小島，把牠身上的寄生生物和海藻當成岩石和樹木……牠的胃口也同樣不容小覷，牠會像捏碎核桃殼一樣把船捏碎，然後吃掉一些水手，留下一部分任其在水裡淹死。

一座安寧的小島

最初關於牠的記錄中，牠顯得非常溫和。1752年出版的《挪威自然史》中，作者艾瑞克．彭托皮丹，卑爾根的主教強調牠絲毫沒有攻擊性。牠的受害者與其說是受害於一個怪獸，不如說是死於錯誤的判斷。另一則神話講述的是一個挪威人聖奧勞斯．馬格努斯，在抱怨沒有地方做祝聖的彌撒時，看到前方出現了一座島嶼，便在島上臨時造了一個祭壇，讓所有的水手在這裡做彌撒。但是當全體船員都離開的時候，發現正在消失的小島其實就是克拉肯海怪……民間有很多關於水手們把克拉肯當成小島的故事，他們離船上岸，在牠的背上生火取暖。克拉肯之所以會把水手淹死，是因為牠不得不潛入水中，以緩解背上的灼燒感。

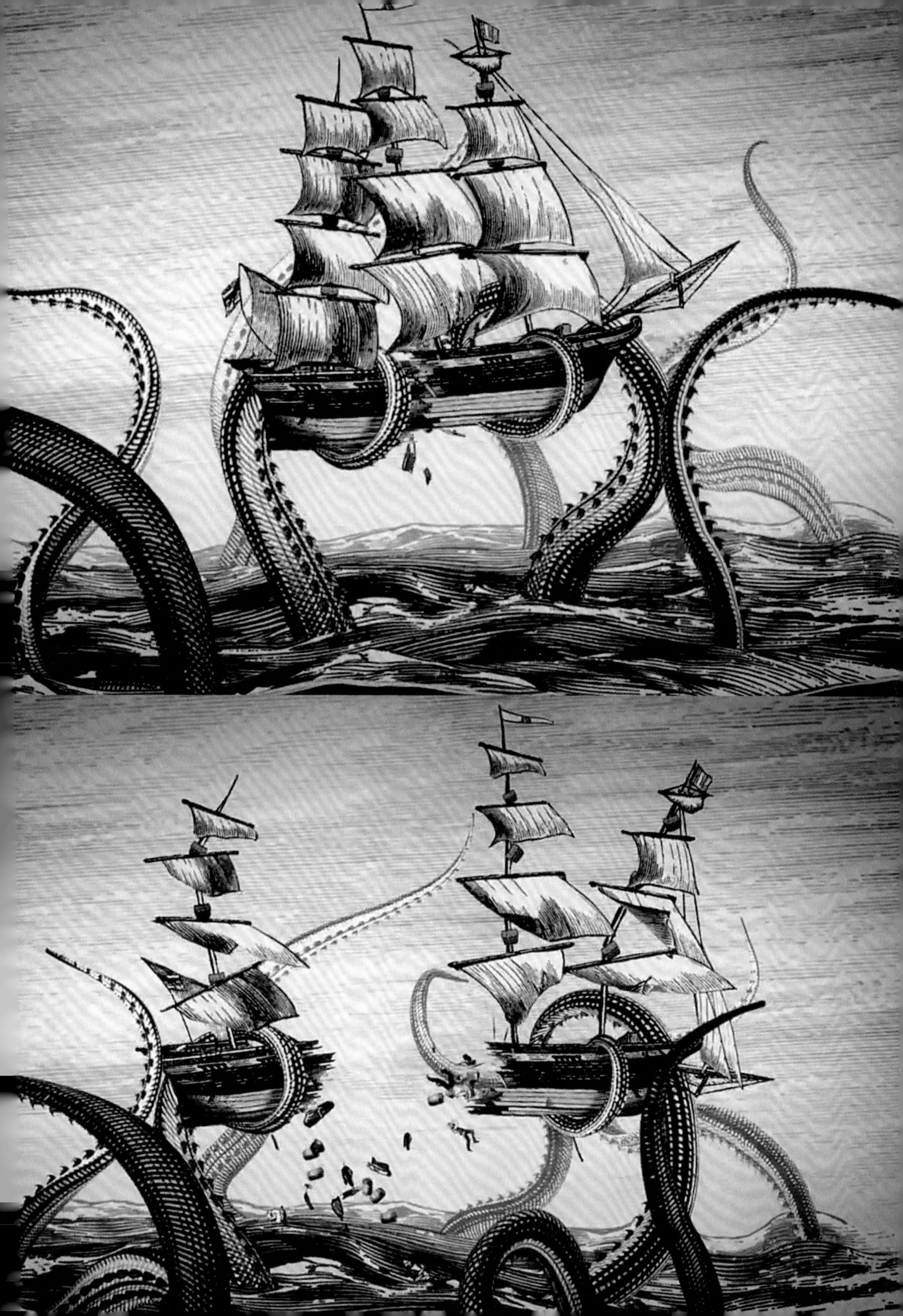

神話傳說的誕生

在斯堪地那維亞的神話故事和動物寓言集中，克拉肯時而是螃蟹，時而是巨大的槍烏賊，時而是海蛇，始終不明確牠到底是什麼。儘管牠令人生畏，但是牠很少露面。跟艾瑞克．彭托皮丹一樣，給克拉肯畫過畫的人都認為無法詳盡地展現牠的全貌：「關於這個問題，我向所有有機會面談的相關畫家都提問了，但是所有人都對牠知之甚少，大家甚至連一個正確的結論都沒有。」自然學家們深信克拉肯是現實中的一種海生生物──體形龐大的槍烏賊。這個頭足綱動物經常潛入深海中，牠長達30公尺，很少露出水面，但是人們經常會撈到牠令人咋舌的屍體。古代水手們憑藉想像力完成了故事剩下的部分……

► 《章魚》維克多．雨果
1866—1868年 法國國家圖書館

神奇的撈魚法

根據彭托皮丹的說法，受此啟發的漁夫們打破常規使用了一種新的策略來撈魚。善於觀察的漁夫意識到，成千上萬的魚會跟在克拉肯身後，等待著享用克拉肯的排泄物，因為克拉肯一年排一次的糞便散發著一股難以抵抗的芳香。因此漁夫們通過探測海底就可以大賺一筆──當探測器突然被阻擋的時候，就是克拉肯出現在船底之時，也就意味著有撈不完的魚！雖然回報豐厚，但是也很危險，如果克拉肯向上游的話，船隻在頃刻間就會被捲入漩渦中，沉入海底。

在黑暗的河流之下，
暴風雨肆虐，
在幾千英里之下的海底深淵，
克拉肯沉睡著……
上千年來，
牠昏昏欲睡，眼睛始終盯著無邊的黑暗，
陌生的光線，微弱得像黃金之光，
突然穿透陰森的海水，
輕柔地照在牠黑沉沉的身上……
在那兒，野獸的周邊，
生長著無數的海綿生物，
堆在一起形成了千年老林！
牠沉睡著……

——阿佛烈・丁尼生
《克拉肯的甦醒》1830年

Le kongamato

康加瑪托──擁有超自然能力的破壞者

當探險家弗蘭克·梅蘭德把拍到的照片展示給當地人的時候，他們都非常肯定這就是康加瑪托！在尚比亞方言中，康加瑪托這個讀起來音調低沉陰森的詞意思是「破船者」。當地人只要說出牠的名字就感到害怕。根據傳言，牠長著鬣狗的身體、蝙蝠的翅膀，可以在水中潛伏，伺機掀翻過往的船隻。更可怕的是，牠還會襲擊人類，牠那長著尖牙利齒的喙可以撕碎任何一個敢抬頭看牠的人。

名字：康加瑪托

體形：高2公尺

特點：有長著牙齒的鳥嘴，蝙蝠的翅膀

食物結構：食肉

地理分布：尚比亞

棲息環境：禁鳥度沼澤

▲《康加瑪托》史前動物壁畫　海因里希·哈德

長生不老

迷信的人們相信，如果康加瑪托噴射水柱，則預示著一場洪災的到來。還有人相信康加瑪托擁有超自然的能力，能夠刀槍不入，長生不老。這就解釋了為什麼從來沒有人找到過牠的骨頭……雖然弗蘭克．梅蘭德可以理解，但他卻對此表示質疑：「我承認自己不相信牠的能力，但是我相信有這樣的爬行動物存在著，或者存在過。總之，一種異常而又了不起的東西，總會讓人們相信超自然的力量是存在的。」

沼澤深淵的未解之謎

康加瑪托翼展長達2公尺，當這樣的生物從天上飛過時，人們是不可能看不到的。人們難以涉足的尚比亞西北部的禁烏度（Jiundu）沼澤，給牠提供了一個理想的藏身之處。牠們躲在最隱蔽的地區，只有在夜晚的時候才出來走動。神祕生物學家對牠的看法一致，因為根據眾多有幸見過牠們並且躲過一劫的旅行者的說法，神祕生物學家猜測牠們是翼龍的後代，是現存的活化石，或者是一種沒有被編入蝙蝠科的巨大蝙蝠。另外，受害者也很有可能是受到鯨頭鸛或者一種非洲大喙巨鸛的攻擊，這兩種巨鳥均頻繁出現在沼澤，翼展也長達2公尺。因為可靠的證據太少，經常出現一些弄虛作假的照片，人們至今尚不明確牠究竟為何物。

嗯，其實牠並不是真的鳥，牠更像一種蜥蜴，長著蝙蝠的膜翅……新的調查顯示，牠的翼展長1到2公尺，通常是紅色的。牠的翅膀上沒有羽毛，只有光禿禿的皮膚，像鳥嘴一樣的嘴裡還長著牙齒。沒有人可以證實謠言，因為沒有人在親眼見過康加瑪托後能活著回來。

——弗蘭克．梅蘭德《非洲的巫術》1923年

Le kelpie et autres chevaux maléfiques

凱爾派①— 死亡和妖術的象徵

有一些象徵著死亡與妖術的黑馬經常出現在凱爾特②的民間傳說中，牠們臭名昭著，如惡魔般恐怖。當牠們出現時，不論是成群結隊還是獨自出現，人類都會無比恐懼。牠們當中有一種名叫行走的馬拉恩之馬，很可能來源於「噩夢」。

名字：凱爾派
體形：不詳
特點：可以化身為人
食物結構：食肉
地理分布：愛爾蘭、蘇格蘭
棲息環境：活水區、江河湖泊

水的故事

在一個神話故事裡，潺潺的流水聲其實是惡馬的嘶鳴聲。牠們當中的大部分都與水緊密相關，比如一種名為莫維茨的馬能在水上奔騰；另一種名為阿拉斯坦的馬善於吸引誘拐人類，人類一旦跨上了馬背就會被拖入水中，被馬享用……阿拉斯坦在某些情況下可以化身為人，卻保留著自己的尖耳，人們可以憑藉這一點認清牠的真面目。

牠就像是流水的化身，永不停歇。牠十分討厭死水，看一眼也會讓牠崩潰。因此，為了躲避攻擊，旅行者會隨身攜帶一小瓶從水窪或者池塘裡盛取的髒水。只要在凱爾派的面前打開瓶蓋，在牠的鼻子面前晃兩下，就可以救自己一命。

►《騎著白馬的男孩》蒂奧多・吉特爾森 1890—1909年 特羅姆瑟北挪威藝術館

凱爾派的罪行

在蘇格蘭人的童話故事和神話傳說中，凱爾派出現得最為頻繁。牠們與水的親源性可以從牠的名字中看出來，在當地，「凱爾」是指一種海藻或者褐藻。這種水馬在溪邊或河邊群居生活，牠熱衷於邀請路過牠巢穴的人跨上牠的背，牠會載著人奔馳一小段路，隨後一頭扎入水中把人淹死。對人來講，唯一的脫身之計就是假裝屈服於惡馬的魅力，把轡繩套上牠的脖子，然後將牠從水裡拉出來。離開了牠的自然元素以後，牠就會失去攻擊性。但是幾乎沒有人能在牠美貌的引誘下保持理性，特別是一些天真的小孩兒。一篇發表於1838年的文章〈兩個世界的相逢〉中提到過一個故事：「有一次，一匹凱爾派從茂密的柳樹林裡出來，奔到一群在湖邊玩耍的小孩當中，躺倒在他們的腳下，讓小孩像撫摸小狗一樣撫摸自己，發出愉悅的嘶鳴聲，表現出無比的順從，向小孩展示著自己的臀部。於是其中一個小孩坐到了牠身上，接著第二個，第三個，最後幾乎所有的小孩都坐上去了。當一個小孩要坐上牠的背時，牠的臀部就會延長給後來的人坐。最後，只有一個比較膽怯謹慎的小孩不願意坐上去。突然凱爾派開始大聲嘶鳴起來，跳躍著奔跑，馬背上的孩子們也歡欣鼓舞。但很快，牠就狂奔起來，在湖邊蹦了三下，載著牠的獵物消失在水裡。」

---

① 凱爾派是流傳於凱爾特民間一種會變形的精靈，牠們生活在湖泊和河流的旁邊，守護著它們。凱爾派是這種水怪的統稱，並不是指某一種具體的動物，本文中將介紹多個不同的凱爾派。

② 凱爾特人，主要分布在西歐，在羅馬帝國時期他們與日耳曼人、斯拉夫人一起被稱為歐洲的三大蠻族，現在是歐洲人的代表民族之一，他們之中的許多人在學術、科學、藝術、工藝等領域都頗有建樹。

L'otarie à long cou

尼斯湖水怪——吸引人的深水傳說

尼斯湖水怪是世界上最著名的海蛇之一。牠深知如何讓世人的目光都聚焦於自己，卻從來沒有因此落入人類的網中。人們通過整合信息，得到了牠的素描圖：牠有一個又小又圓的頭和靈活粗大的脖子，是觀察水面上動靜的潛望鏡；牠尖尖的嘴周圍長著一圈鬍子，長著小小的黑眼睛，另外還有蹼足。牠的身體笨重，背上長著三個肉峰——讓人聯想到駱駝的駝峰，牠用肉峰來存儲空氣，因此才可以長時間地待在水裡。牠全身的毛都很短，除了脖子下方長著較為濃密的鬃毛。

名字：蛇頸龍、尼斯湖水怪、蛇頸海獅

體形：長5～20公尺

特點：頸長5公尺

食物結構：食草

地理分布：歐洲、北美洲、澳洲、非洲、亞洲

棲息環境：沼澤、湖泊、河流、海洋

►《蛇頸龍——最像尼斯湖水怪的恐龍》阿利卡．林德伯格
瑞士洛桑歷史博物館

尼斯湖水怪和牠的同伴

某些神祕生物學家認為，長頸海獅歸屬於海蛇族或巨鰻族，可能是古老的龐大爬行動物——蛇頸龍的後代。但是蛇頸龍的化石顯示牠們的脖子是直的，牠們更願意生活在堅實的大地上；而長頸海獅則完全相反。伯納德．霍伊維爾曼認為，與其說牠像蛇，不如說牠像巨大的海獅，應歸屬於鰭足科。跟海獅一樣，尼斯湖水怪前行時最快的速度可達50公里／時，而且牠也會隨著季節的變化長途遷徙。

儘管蛇頸海獅是出了名的膽小，但牠的好奇心非常強。一點點異常的聲音都可以吸引牠離開海底的洞穴，讓牠忘記保持謹慎，將嘴伸出海面。這也間接地勾起了漁夫和路過者的好奇心，他們講述的故事成了當地報紙的頭條。

在水下生活的動物

在數千年裡，如此龐大的生物是如何隱蔽自己，躲過所有試圖尋找到牠的人呢？牠與蛇頸龍等其他體形巨大的爬行動物不同，並沒有返回陸地生育後代，而是選擇了在水下分娩，所以牠始終沒有被發現。另外，牠頭上長著兩個附屬器官，時而被說成是角，時而被認為是耳朵，其實很有可能是牠凸出的管狀長鼻子，是牠在水下時的呼吸器官，這樣牠就沒有必要浮出水面了。再加上牠天生謹慎的性格和異常敏銳的聽覺，被人發現是件很難的事情。

Le Léviathan

利維坦——纏繞之蛇

在《以賽亞》中，利維坦是一種全身纏繞在一起的蛇，所以牠也被叫作纏繞之蛇。牠最喜愛保持著纏繞的姿勢，但是這個姿勢並不能持續很久，因為牠也需要去廣闊的空間活動一下。牠的運動神經不發達，所以當牠舒展龐大的骨架時，會感到十分痛苦。在《聖經》裡，牠以劣跡斑斑出名，但是人們並不知道牠具體的樣貌，不知道牠究竟是巨龍、蟒蛇、鯊魚、海豚還是巨鱷。在與《聖經》相關的書籍中並沒有具體描述過牠的樣貌，著書者總是模糊目擊者的描述，以達到吸引讀者的目的。傳言牠憤怒的時候會爆發出地獄般的恐怖力量。如果喚醒了沉睡中的利維坦，後果將不堪設想……

名字：利維坦、纏繞之蛇
體形：不詳
特點：生性暴躁易怒
食物結構：食肉
地理分布：埃及
棲息環境：深海

► **《上帝創造巨獸和利維坦》威廉·布萊克**《約伯記》1805—1810年　紐約皮爾龐特·摩根圖書館

▼ **《騎在利維坦背上的敵基督》聖奧梅爾的神父蘭伯特**《花之書》約1448年　尚蒂伊孔德博物館

令人戰慄的太陽

《聖經》將利維坦視為上帝創造的第一批生物，而且是其中最為恐怖的一種——牠可以引發最嚴重的自然災難，讓整個地球陷入無邊的混亂之中。除了利維坦，沒有誰能撼動太陽。傳說日食正是牠的傑作，因為牠會定期將太陽吞入腹中……

造物者大概是後悔創造了有如此威力的生物，所以為了避免小利維坦的誕生，就將牠的妻子殺死了，因此利維坦更加怒不可遏。為了報復造物者，牠準備消滅所

牠的一個眼神便可以刺穿敵人的胸膛；若人們將牠吵醒，牠將變得殘忍無比，無人能與之抗衡。

——《約伯記》第42章1～2節

有的生靈。上帝別無選擇，只能讓牠定期陷入沉睡中。在牠甦醒後，為了平息牠的怒火，上帝承諾在最後的審判中，會將被定罪的人送給牠享用。

潛意識的靈薄獄①

利維坦的力量其實象徵著我們的本能與潛意識的衝動。牠不受我們的意識控制，是潛在的威脅。牠以一種難以名狀的怪物般的形式存在，隨時從最黑暗的深淵裡出現。只有上帝可以降服這種來自地獄的破壞力。敢於挑戰上帝建立的秩序之人，將會引發利維坦的雷霆大怒，遭受牠的猛烈襲擊……那些激怒利維坦的人，最終都只剩下一顆頭顱。

① 在天主教中，靈薄獄指的是天堂與地獄之間的區域，那些不曾判罰但又無福與上帝共處天堂的靈魂在此居住。人們認為有兩種不同的靈薄獄：祖先靈薄獄和嬰兒靈薄獄。

Le dingonek

丁戈內克—全身覆鱗的爬行動物

名字：丁戈內克

體形：高達5公尺

特點：長著利齒，全身覆蓋鱗片

食物結構：食肉

地理分布：坦尚尼亞、肯亞、薩伊

棲息環境：江河

丁戈內克生活在維克多利亞湖附近的河流中，見過牠真面目的人寥寥無幾。人們將牠形容為動物的大雜燴，因為牠的身上聚集了各種動物──貓科動物、爬行動物、河馬……甚至是狗的特點。一個曾有幸見過牠幾次的西方探險家約翰．阿佛烈．喬登說牠長著河馬的身體，全身還覆蓋如豹紋般明暗交替的鱗片，有類似大型貓科動物的頭，尖牙利齒。牠還有一條長長的尾巴，牠在游泳時跟鱷魚一樣可以改變前進的方向並產生巨大的推動力。

►《龍》作者不詳
《健康花園》1497年　法國國家自然歷史博物館

天啊，牠簡直就是最可怕的噩夢，真希望有一架飛機可以迅速帶您遠離這裡！不得不說當牠處在上游時，我早已經被拖到了河岸。準確地說，那就是牠剛才入水的地方，我的周圍全是爛泥和黏土，上面的腳印類似河馬的大腳印，還有爬行動物的爪痕……我們可以肯定的一點是，凡是被那爪子抓住的人根本逃不掉。

——約翰．阿佛烈．喬登《馬格里河的遠征》1907年

自相矛盾的說法

探險家喬丹的同伴埃德加．B.布蘭森還這樣說道：「牠應該是一種爬行動物或一種巨大的海蛇，從來沒有被捕獲過，也沒有被列入生物學內。」但馬賽人的看法卻與之相左，他們認為丁戈內克的頭像狗頭一樣，牠的兩隻小小的耳朵讓人聯想到色彩鮮明的蝰蛇雙角。基庫尤人則認為丁戈內克是一條巨大的鱷魚。可惜追尋真相的機會渺茫，人們無法見到真正的丁戈內克，只能在各種自相矛盾的說法中迷失。正如土著部落的人所說的：「我們再也沒有見過牠。」

▶《刻耳柏洛斯之服》
朱塞佩．阿爾欽博托
1571年 佛羅倫斯學院美術館

劍齒虎的影子

伯納德．霍伊維爾曼提出猜想：丁戈內克是否可能是一種巨型穿山甲或者劍齒虎的後代？因為劍齒虎也是長著尖牙利齒的貓科動物，人們認為牠已滅絕於更新世。但是從解剖學的角度來看，劍齒虎與丁戈內克有很多相似的地方：牠們都有大型貓科動物的頭，都可能是獅子或者豹，都有如刀一樣凸出的彎曲的利爪、笨重的身體、帶爪的大腳掌等等。只有一點是不相符的：丁戈內克全身覆蓋鱗片。當然，也有可能是目擊者將丁戈內克在陽光下閃閃發亮的潮濕獸毛與鱗甲混淆了。那麼，真的有可能存在劍齒虎的水生變種嗎？

Le physéthère ou serpent de mer a crinière

菲塞德爾——長鬃毛的海蛇

老普林尼在著名的《自然史》中記錄了許多海洋生物，其中有一種出沒在高盧海的海蛇，在古希臘文中，牠被命名為菲塞德爾，也就是「海豚」，因為牠可以把大量的海水噴向天空，還可以垂直地躍出海面，與船帆齊高。1555年，奧勞斯・馬格努斯在他的《北方民族史》中將牠描述為一種身體長達60公尺、寬6公尺的海蛇，脖子上垂著大約半公尺長的濃毛，全身覆蓋尖銳的黑色鱗片，還有兩隻如火焰般發亮的眼睛。在中世紀的海上地圖以及某些航行記錄中，人們還給牠添加了濃密的鬃

名字：菲塞德爾、長鬃毛的海蛇、海馬

體形：長20～60公尺

特點：長著濃密的鬃毛

食物結構：食肉

地理分布：南大西洋、瑞典、挪威、美國

棲息環境：海洋

▶《我們所見的怪獸》塞巴斯丁・謬斯特《宇宙學》1575年 法國國家圖書館

第二天，在法魯什島上，前方出現了一頭龐大的怪物菲塞德爾，牠徑直朝我們走來，發出打鼾的聲音，牠比桅杆還要高。牠在我們面前用嘴將水噴向天空，像從高山上奔流而下的瀑布。

——弗朗索瓦．拉伯雷《巨人傳》第四部 1552年

毛、長長的絡腮鬍，頭頂上還多了兩隻可以噴射巨大水柱的管狀鼻子。根據奧勞斯．馬格努斯的說法，牠不僅吞噬水生動物，連走到海岸邊的陸生動物也不放過。更令人害怕的是，當牠躍出水面的時候，會發出刺耳的尖叫聲，然後席捲所有東西，並將船上所有的人吞入腹中。

戲劇性的變化

令人聞風喪膽的菲塞德爾有時也會躲起來，在很長的一段時間裡消失不見，以至於神祕生物學家都懷疑牠是否真的存在。直到19世紀，以風平浪靜著稱的挪威克利斯蒂安松峽灣突然風起雲湧，成了牠轟轟烈烈回歸的舞台。1837年，一個漁夫聲稱自己遇到了一頭巨大的生物，牠長著馬頭，鬃毛濃密。還有一個人說自己親眼看到一種像蛇一樣的生物，牠那直徑40公分左右的眼睛發著幽幽的紅光，像貓眼一樣。1948年，一艘名為「代達羅斯」的英國船在經過好望角時，遇上了「形如巨蟒的生物」，牠的頭伸出水面，大約有兩公尺高，水下可見的身體大約有60英尺長。這個生物一直緊跟著他們的船，長達20分鐘，船上的人仔細地觀察牠的顏色，牠有褐色的背、黃色的喉嚨，牠全身都長著馬的鬃毛──也可能是一種覆在牠身上的海藻。

La sirène

美人魚──致命的誘惑力

名字：美人魚、人魚
體形：體長約3公尺
特點：致命的誘惑力
食物結構：食肉
地理分布：海洋
棲息環境：海邊和深海

公元九世紀，《怪獸之書》中將人魚描繪成海裡年輕的處女，從頭到肚臍長著像人類女性的身體，還有一條鱗狀的尾巴。女人的身體，魚的尾巴，這就是人魚的傳統形象。但其實在古希臘時代、古羅馬時代，牠們並不是美人魚而是美人鳥，牠們身體下部覆蓋著羽毛而非魚鱗。牠們是因為受到嫉妒而被改變了樣貌，下半身的羽毛才變成了魚鱗。在希臘神話中，一個居住在羅德島的阿爾戈英雄阿波羅尼奧斯講述了這樣一個故事：在一次由赫拉主持的歌唱比賽中，美人鳥們和牠們的母親繆斯女神競爭冠軍，最終美人鳥取得了勝利。不服氣的失敗者衝到牠們面前，惡狠狠地把牠們的羽毛全拔了……美人鳥們就這樣殘廢了。牠們深深地吸了一口氣，想到自己即將死去，便毫不猶豫地縱身一跳，從高山上墜入轟鳴的大海深處。

►《美人魚騎海怪》亞瑟．拉克姆
1908年《仲夏夜之夢》

▼《美人魚》古斯塔夫．莫羅
1882年　巴黎古斯塔夫．莫羅博物館

美人魚之聲

儘管大部分美人鳥當場死亡或化身為岩石，但仍有一部分存活了下來，牠們改頭換面，化身為我們現在熟知的美人魚。往事雖已過去，但是牠們仍保留著身為人鳥時的重要技能：能夠唱出悅耳動聽的歌。牠們的名字在拉丁語中是清純甜美的聲音。牠們身為美人鳥時唱出讓繆斯女神們妒忌的美妙歌聲，如今卻讓數百位水手喪身大海中。水手們一聽到美人魚的歌聲就完全喪失了意識，被引誘著縱身跳入洶湧的海浪中，投進美人魚的懷抱。「牠們的歌聲非常悅耳動聽，凡是聽到的人，無論在多遠的地方都會毫不猶豫地趕到牠們的身邊。靠近美人魚的時候，水手就會昏睡過去。美人魚發現他們，就會把他們殺了。」（里夏爾．富爾尼佛）昏睡過去的水手剛死，美人魚就迫不及待地一口吞下他們的心臟，隨後攜帶著水手的靈魂消失在海浪中。

美人魚的誘惑

荷馬的《奧德賽》中，有一部分講的是主人公奧德修斯如何利用智慧擺脫大多數水手的命運。他聽從女巫喀耳刻的意見，命令手下將自己牢牢地綁在船桿上，並且一再強調就算他苦苦哀求也不能放他下來。水手們則在耳朵裡塞上石蠟，全體船員最終戰勝了誘人的歌聲。其實美人魚的歌聲並不總是象徵如痴如醉的死亡，對於普魯塔克來說，美人魚的歌聲慰藉著飽受死神折磨的心靈，陪伴著他們走向另一個世界。比起美人魚，善良的守護天使則更像心靈的小偷。

人、美人魚與小海牛

對於寓言的猛烈攻擊者來說，美人魚不過是人們幻想的成果，牠的真實形象是海牛。海牛是一種屬於海牛目的鯨類動物，對於那些有天馬行空的想像力和不善觀察的人來說，海牛的外形與臉部都與人類有些相似。在《克里斯托弗·哥倫布的旅行關係》中，主教巴托洛梅·德拉斯·卡薩斯提到：「1493年1月9號，星期三，在聖多明哥海域，他看到了三條美人魚。牠們高高地躍出海面。但是對於他來說，牠們根本就不漂亮。」為什麼耶穌會士查爾瓦克斯聲稱美人魚不過是海牛呢？因為一方面海牛長著一張人臉，另一方面海牛還會嘆氣並且發出哀號聲，讓人聯想到人類的聲音……或者美人魚的歌聲。

美人魚充滿愛意地展現著牠的胸部，並將尾巴藏了起來。在沉睡的藍色海水之下，晃動著牠的尾巴。

——泰奧菲爾·高提耶《琺瑯與雕玉》1852年

Chapitre V

混種生物

—真假參半的生物

Créatures border line

Mais où sont les monstres d'antan ?

古老的怪物在哪裡？

烏利塞・阿爾德洛萬迪擁有醫療背景，是對自然界的畸形現象最為感興趣的自然學家。他借助生物解剖圖，在《怪物志》一書中極為詳盡地描繪了在現實中發現的怪物和人們想像出來的神怪。在書中，男女老少以及動物的身上都發生了畸變，有的多長了四肢，有的少了某個器官，還有的某個器官過於肥大……有連體雙胞胎、獨眼龍、無腦生物（牠們的前額形狀非常扭曲，跟青蛙的前額相似，插圖更是誇大了這一點，活像一個蛙首人身的怪物）、整個大腦擠在巨大的前顱內的狗、一身兩貓獸，還有長著七條腿的牛等等。

畸形學的重要研究對象之一就是混種生物，即半人半獸生物。譬如長著女人臉孔的馬，全身長滿動物頭的長鼻小孩。還有各式各樣的半人獸，比如長著七頭七手的生物，長著山羊的耳朵和四肢的生物；長著牛掌驢耳、背上生出翅膀的生物等等。此外，書中還介紹了印度傳說中的族群——薩提爾人，他們近似神話中半人半獸的森林之神。其他怪物則更是花樣百出，將各種動物的身體某部分集於一身。比如有一種怪獸，長著三種動物（分別是狐狸、老鷹與龍）的頭，全身覆蓋鱗片，胸前有一對人的乳房，身後有一條獅子的尾巴，就連四條腿也是各不相同，一條是鴨的腿，一條是獅子的足，另外兩條則是人的腳……

一切是如此荒誕卻又充滿了詩意。機緣巧合促成了這般熱鬧的景象，不得不說創造天才遠強於科學天才。安布魯瓦茲・帕雷認為，大自然樂此不疲，而怪物們也樂於向自然展現牠們無窮無盡的花樣。生物創造的豐富性遠超過人類的想像，甚至超過理性本身。「除了說希望大自然玩得開心，我們還能說什麼呢？」世界顛倒錯亂，不可能存在於世的怪獸們在狂歡隊伍裡肆意玩樂。人們放縱著想像力，不顧一切地狂歡，盡情地享受著這個雜亂無章的世界。正如帕雷所總結的：「我為之瘋狂！」

La chimère...

喀邁拉──噴火怪物

名字：喀邁拉、凱美拉

體形：不詳

特點：獅爪、馬身、蛇尾

食物結構：食肉

地理分布：小亞細亞

棲息環境：岩洞和地下洞穴

「牠長著獅頭、龍尾和羊身。牠口吐火焰，侵襲牲畜，摧毀城池，牠將三種野獸的力量積聚於一身。」阿波羅．多洛斯這樣描述混種生物喀邁拉，牠是最早的也是最著名的一種混種生物。在《荷馬史詩．伊利亞特》中，牠被形容為一隻長著「獅頭、蛇尾、羊身」的噴火怪物：牠經常出沒於呂基亞，所到之處生靈塗炭，直到柏勒洛豐乘著他的飛馬前來，才將牠降伏。於是這隻三頭獸成了混種生物的領頭者，雖然牠們不太可能存在，但還是讓人聞風喪膽。如今，牠的名字已經成為異種生物和神話幻想生物的泛稱，也指人們腦海中不切實際的幻想。

喀邁拉與無意識

喀邁拉與無意識狀態下的神志模糊關係緊密。「喀邁拉」一詞不僅指混種生物，也指夢想、空想、未來的欲望，以及所有充斥於意識中的神怪。喀邁拉可以通過強而有力的線索，與一個隱祕的世界聯結起來──那就是基因的聯結，因為牠的母親厄客德娜是戈爾貢（蛇髮女妖）的姊妹，也來自大地深處。在厄客德娜身上，無意識表現在她瞬息萬變的熱情中，伴隨著神祕的狂熱，捲起滔天巨浪，就像無意識也同樣毫無保留地將福樓拜和洛特雷阿蒙浸沒。

「珍妮．漢尼維」

在神祕生物學裡，喀邁拉也被稱為「珍妮．漢尼維」，這是由人類親手創造並賦予荒誕外形的動物，大多數時候指鰩魚或一種被改造過的魚。人們將牠晒乾，然後塗上一層顏色，再給牠添上翅膀，安上魔鬼的舌頭，看起來就像一條可怕的小龍。澳大利亞魚類學家吉爾伯特・珀西・惠特利曾教學生如何用一條死鰩魚製作喀邁拉，並解釋牠是如何在慢慢被晒乾的情況下化身為可怕怪物。「一會兒過後，魚的下顎開始收縮，往前凸出成了嘴巴。軟骨結在乾了以後也跟著凸出，讓人聯想到失去的雙臂。鼻孔變成了一雙不安的眼睛，鼻毛就像睫毛一般。就這樣，通過偽造的手段，再給牠刷上一層塗料，有必要的話可以畫上幾筆，我們得到了一條『珍妮・漢尼維』。」牠那被精心雕飾的外表顯然會激發海洋生物愛好者的好奇心。

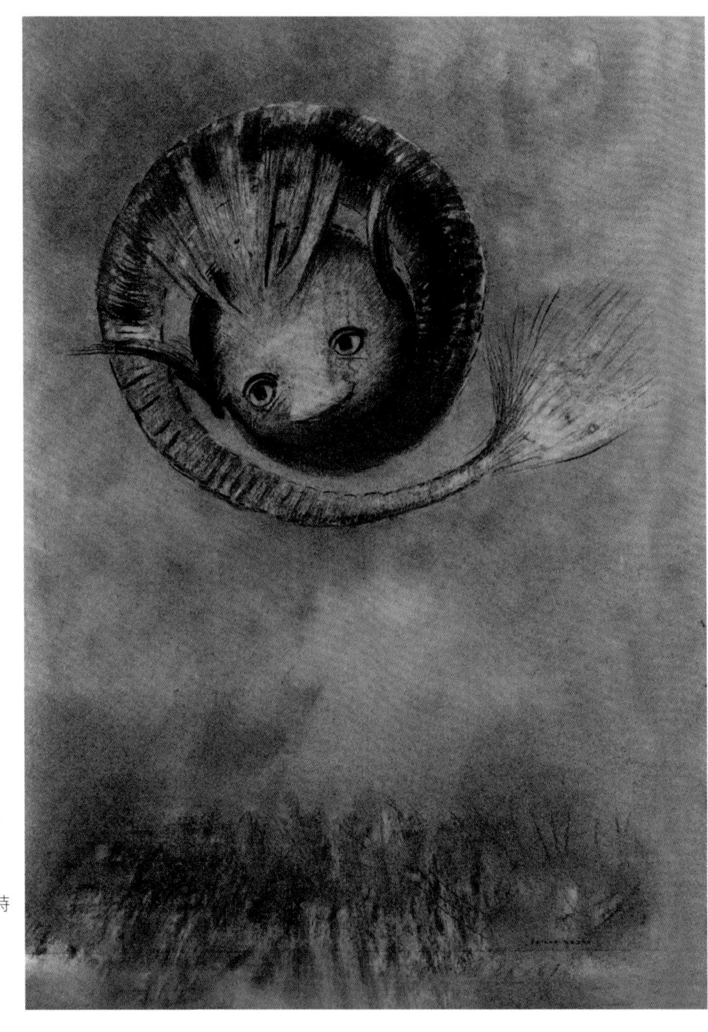

►《喀邁拉》歐迪隆・魯東
1883年 歐特羅庫勒慕勒美術館

▼《阿雷佐的喀邁拉》
湯瑪斯・登普斯特《皇家伊特魯里亞》1723—1724年
法國國家圖書館

我既輕鬆又愉悅！我向人類展示在雲端之上以及遙遠的極樂世界裡生活的耀眼前景。我讓他們的心靈變得痴狂，塞滿各種幸福的設想、未來的計

畫、光榮的夢想、愛情的種子以及高尚的品德……我尋找著不曾聞過的香水，更豔麗的鮮花，未曾享受過的歡愉。如果我在某處看到一個聖賢的人，我會來到他面前，我會把他絞死。

——福樓拜《聖安東尼的誘惑》1874年

…et sa descendance

桑納克斯——地獄之獸

名字：《啟示錄》中的野獸、地獄之獸、海伊、桑納克斯等

體形：不詳

特點：複雜的混種

食物結構：食肉

地理分布：所有的大陸和海洋

棲息環境：天上地下

◀《豹身、熊掌和獅頭》法國細密畫《中世紀的動物寓言》1294年 法國國家圖書館

在中世紀動物寓言集的書頁邊緣和彩圖中，總有一大群被巧妙安排在一起的怪物，牠們面部畸形，身分不明，彷彿永遠在不停地變身。牠們都是創作者想像的產物，他們無視自然常理創造出這些傑作：這邊有一個長著狼頭的鱷魚或者身披鱗甲、長著龍尾的小鳥，那邊有一個四人同體像，分別長著獅頭、人頭、鷹頭和牛頭，或者是《啟示錄》中出現的七頭十角怪……可怕的地獄之獸浮出了水面，長著豹身、獅頭和熊爪，只有牠能打敗聖人。牠的七個頭象徵著七宗罪，牠頭上戴的十頂皇冠代表著惡魔的勝利。①

豐富多彩的怪物

國王御用外科醫生、解剖學家安布魯瓦茲·帕雷在他的作品中頻頻提起各種怪物，他痴迷於這些生物。他身為科學家，卻像一個發現寶物的小孩一樣，欣喜若狂地在《怪物與奇事》（1573年）中羅列了歷史上出現過的一部分怪物，並對牠們進行詳盡的描寫。怪物桑納克斯首次出現在安德烈·塞維特的著作《宇宙志》中，牠是一種仁慈的生物，像一般的猛獸那麼高，全身長著濃毛，長著人臉、人手和虎爪。非洲怪物海伊，沒有人親眼見過牠，牠非常畸形，沒有人相信牠的存在。牠跟長尾猴一樣高，腹部垂地，長著小孩的臉，腳掌長著像魚刺一樣的四趾，跟獅爪一樣鋒利，比起其他猛獸的爪子，有過之而無不及。牠的飲食習慣更是讓人不可思議，因為沒有任何人親眼見過牠進食，野蠻人曾說牠靠吃風而活。

① 選自勞倫·德·奧爾良的作品《國王概論》，出版於1294年。

阿爾德羅萬迪的怪獸們

1642年，與之前相隔不到一個世紀，烏利塞·阿爾德羅萬迪就出版了著名的《歷代動物志與怪物志》。身為醫生、動物學家以及植物學家，他富有激情而又嚴謹地羅列了人類歷史上出現過的所有怪物。在書中可以找到這樣一幅關於蛇尾雞的插畫。畫中一隻身影很大的公雞生活在弗朗切斯科一世·梅迪奇的宮殿裡，雞嘴的兩邊長著像尖角一般堅硬的羽毛，身後則拖著一條蛇的尾巴。更遠一點的是一隻七頭怪，牠頂著七個頭，舒展著七隻手臂，還長著山羊的耳朵和蹄子。

出生在匈牙利的怪物泰特斯朗長著牛蹄、驢耳，牠可以用翅膀和四隻手舉起巨石砸向村民。最讓人嘆為觀止的是來自埃及的三頭怪，長著鷹頭、狐狸頭和龍頭，牠的全身覆蓋鱗甲，長著女人的身體和獅子的尾巴，牠的四隻腳也各有不同——一隻鴨的腳，一隻獅子的腳和兩條人腿。最後不得不提的是阿戈利皮昂，牠們大致上像人類，長著動物的頭、人的眼睛、人的鼻子、鳥喙、雞冠，卻有著白鶴長長的脖子。牠們被認為是一種智人，因為牠們在說話之前，長長的脖子讓牠們有足夠的時間反復斟酌。所以中世紀時流傳著這麼一句充滿寓意的話：想說的話語已經在舌頭上轉七圈了。

▶《在安堤貝與尼斯湖發現偉大而美妙的野獸》十六世紀 蘇黎世大學中央圖書館

▼《九頭蛇》康拉德·格斯納 1662年《蛇類》

Ⓥ《自然歷史祕密》羅比內·泰斯塔德 約1480—1485年 法國國家圖書館

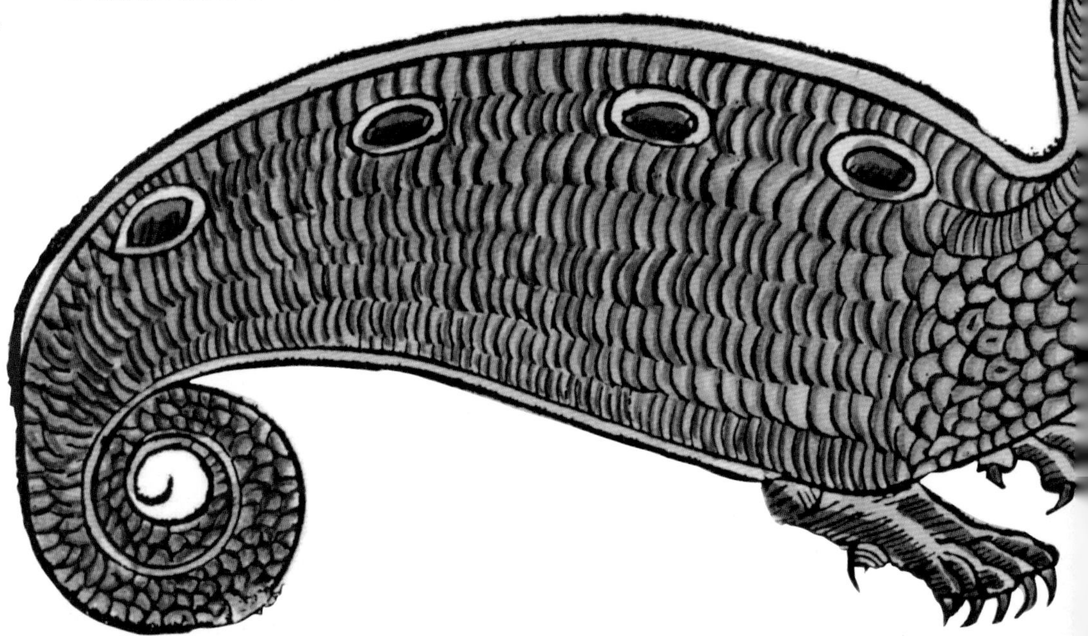

La grande et merueilleuse Beste laquelle a este veue entre Antibes et Nice en
ce nouuellement imprimee.

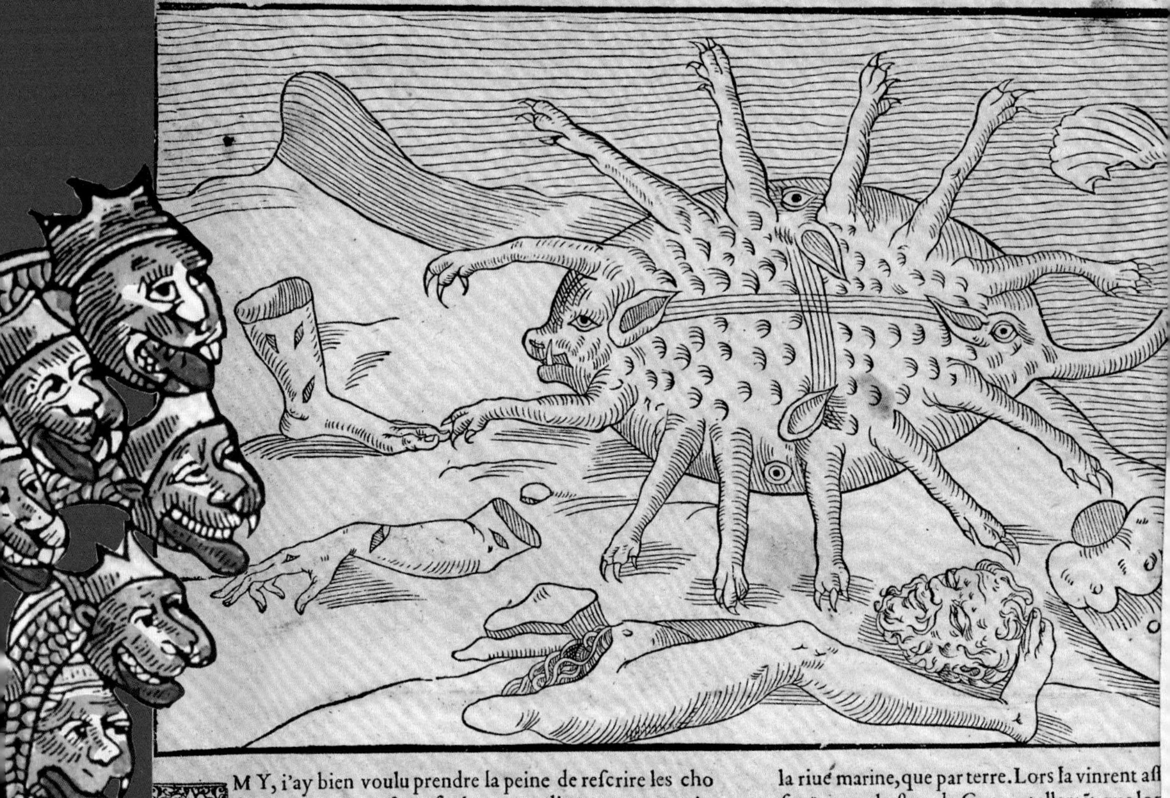

AMY, i'ay bien voulu prendre la peine de rescrire les cho
ses auenues nous estant sur la mer mediterranee, entre Au
tibes & Nice, pres vne ville qu'on appele sainct Troupeau,
tirãt à Freius le xxv. iour de Ianuier dernier passé, d'vne be
ste laquelle n'a point esté veue si horrible & espouuãtable que ceste-
cy: car nous estant sur le gouffre de Grimaut iettant nostre veue sur
a terre, vismes vne beste sortir de la mer aussi grosse & horrible que
l'on scauroit estimer, ayãt douze iãbes autour du corps, & vne croix
trauersant d'vn bout à l'autre, & à chacun bout vne aureille & vn œil,
tels que les voyez au pourtraict, auec vne queue fort enorme & dãge
reuse, & auoit deux dents sortãs de la gueule en maniere d'vn porc sã
glier, fort difforme & desmesuree, dont estant saillie en terre demeura
l'espace de trois heures pres sainct Troupeau, tellemẽt que la dite vil-
le fut fort esmerueillée de voir chose si horrible. Si s'assemblerent
tous les villageoys d'entour la marine circõuoisine iusques à Freius,
& se mirent en armes pour la cuider auoir, tant en barques cottoyant
la riue marine, que par terre. Lors la vinrent as
ses & autre baston de Guerre, tellemẽt que lor
te beste par l'effort qu'on luy faisoit, mais tou
neant, pource que de sa queue de derriere el
uement autour du corps qu'elle en tua plusieu

Alors fimes auancer les harquebusiers pou
la dõmager, mais tout fut en vain, tant auoit la
mes cõtrains de nous en fuir & abandonner l
estoyent sur le gouffre craignãs la fureur de ce
serent approcher de nous, ains contẽployent l
roit & brisoit les morts, & les ayãs deuoré fit v
uãtable cri qu'il sẽbloit que tout deust abisme
fre de la mer, & a esté contrefaite entr'atries N
ce, & enuoyee aux prĩcipales villes de ne plusi
moin le patron Emar, & Ian emar, Pierre cat
trons de Marine demeurans à Eres, pres Tou

我從尚·萊昂那裡聽說了他在非洲的經歷。那是一頭圓形的怪獸，像一隻烏龜，牠的背上有兩條黃色的線交叉成十字架的樣子，線的兩端各有一隻眼睛、一隻耳朵，所以牠可以眼觀六路，耳聽八方……面對這樣一頭長著如此多的眼睛和耳朵的怪獸，誰能不被嚇得目瞪口呆？

反正我是被嚇得失去了意識，完全不知道該怎麼辦。這大概是大自然在向我們展示它偉大的作品吧！

——安布魯瓦茲·帕雷

《怪物與奇事》1573年

L'ornithorynque

鴨嘴獸── 半水生哺乳動物

鴨嘴獸是澳大利亞特有的半水生哺乳動物。牠的生活習性讓牠得以不受打擾，默默地演化發展。牠會把酷似狗窩的家安在河岸邊，在日出和日落時分才會潛入水中尋找小獵物，而且牠在水下憋氣的時間可長達5分鐘。當牠在水裡游泳時，厚厚的一層鬃毛可以幫牠抵禦嚴寒，皮膚的褶皺可以很好地保護牠的眼睛和耳朵，蹼足則給牠前進的推力。牠的鴨嘴上布滿了神經組織和對電流敏感的傳感器，所以牠可以輕而易舉地定位獵物──昆蟲的幼蟲、無脊椎動物以及甲殼類動物。

名字：鴨嘴獸
體形：長60公分
特點：帶毒針
食物結構：雜食
地理分布：澳大利亞
棲息環境：河岸、湖泊

▶《鴨嘴獸悖論》布封
《布封作品集》1837年

如今人們在面對鴨嘴獸時仍然會發出尖叫，因為鴨嘴獸跟牠的同類針鼴一樣，牠們的器官看起來就像是被拼湊在一起的，因為牠們有異常的組合，這些單孔目生物的極度不規律性給人一種神秘的感覺。但是，真的有必要對此表現得如此痴狂嗎？

——艾蒂安．若弗魯瓦．聖伊萊爾《哺乳動物自然歷史》1819年

大自然的惡作劇

1798年，新南威爾斯州的州長約翰·杭特給英國紐卡索的權威文哲學會寄去了一個大木桶。木桶裡裝著鹽水浸泡的標本，其外形怪異到讓人忍不住驚嘆。「從解剖學的角度來說，鴨嘴獸是所有已知哺乳動物中最不同凡響的。牠明明是四足動物，卻長著鴨子的嘴。」特意趕去大英博物館參觀的自然學家喬治·克斯利·蕭如是說。他覺得鴨嘴獸的存在簡直是自然的奇蹟。他還將鴨嘴獸命名為鴨掌獸。英國的科學家們先後去大英博物館，他們覺得這肯定是某個工藝精湛的亞洲標本製作師把兩個不同的動物標本拼湊在一起了。蕭在談論起這個精心製作的偽造物時言之鑿鑿地說，肯定有人把鴨嘴縫在了河狸的皮毛上。他還努力地尋找標本上縫紉的痕跡，所有的人都覺得這是一個玩笑。但是不得不說，如果自然決定要和人類開個玩笑，那麼一切皆有可能。

自然演化的結果

在接下來的幾十年裡，如何將鴨嘴獸納入現有的生物學分類系統一直困擾著生物學家，眾人各執一詞，始終沒有明確的結論。鴨嘴獸至少在一億年前就已經出現了，牠的構造如此奇特，最後分類學家不得不考慮另設一個新的類別，而牠成了鴨嘴獸科中唯一的物種，也就是獨一無二的鴨嘴獸科生物。1818年，艾蒂安·若弗魯瓦·聖伊萊爾又將牠歸為單孔目生物，單孔目是比較矛盾的一個生物分類，均為半鳥類半哺乳類動物。單孔目生物既會像鳥類動物和爬行類動物一樣下蛋，又和哺乳動物一樣用奶水餵養剛出生的後代。關於鴨嘴獸繁殖的最新研究表明，牠們的性染色體上的基因有一部分與鳥的重合，另一部分則與哺乳動物的重合。除此之外，鴨嘴獸應該與很多不同的物種有著聯繫。儘管人類對這樣的組合聞所未聞，但牠卻是真實存在的。物種的關係就這樣隨意地被打亂了，但實際上這正是自然進化具有創造力的鐵證。

Le monſtre marin ayant facon d'un moyne.

DES POISSONS LI. I. 33

ſans plus que troisiours, & onc ne parla, ne ietta aultre uoyx, ſon grands ſouſpirs & plainiſs: dont ie n'en puis bien aſſeurer, par le reat & eſcripture de gens dignes de foy: & ne trouue riens en cela que nature ne puiſſe faire par eſbat, ainſy que pluſieurs aultres choſes, dont tous les iours nous uoyõs l'experiẽce.

c.i.

啊，自然啊！人類永遠不會滿足於您呈現在他們眼裡的奇蹟，讓他們親眼看看他們腦子裡的妖魔鬼怪吧，用那些來取代您神化的作品！

——尚-巴蒂斯特．弗朗切斯科．亨納貝爾

《自然中或人類眼中的自然：四足動物、鳥類、魚類和昆蟲》1770年

Le poisson-évêque

主教魚——深海中的布道者

主教魚是一種半人魚的生物，牠全身覆蓋鱗片，腦袋向上凸出，遠看像戴著一頂主教冠，下垂的魚鰭讓人聯想到主教做日課時穿的長袍。曾經有好幾條主教魚被撈上岸，根據目擊者的描述，牠的魚鰭末端都緊緊地握著主教權杖。在傳說中，牠在深海的教堂裡履行主教的義務，給美人魚、崔坦等海底生物布道……

名字：主教魚、海主教
體形：不詳
特點：長著魚鱗的教士
食物結構：不詳
地理分布：波羅的海
棲息環境：海邊、深海

波蘭國王的宮殿

在1554年出版的《魚類的歷史》中，作者紀堯姆·龍德萊曾提到這樣的事，1531年波羅的海有一條裝扮成主教的海底怪物被打撈上岸，隨後被帶到波蘭國王的宮殿。令人驚訝的是，這個怪獸竟然向國王使勁地做手勢，表示自己想回到大海。國王最終迫於各主教施加的壓力，同意了牠的請求。牠畫了一個十字向國王和主教表示感謝，隨後便消失在了波浪中。

▲《像僧侶的海怪》皮埃爾·貝龍《魚類的習性和多樣性，附有近似自然的插圖》1555年

►《海主教》烏利塞·阿爾德羅萬迪《歷代動物志與怪物志》1642年

海坊主

其實日本的海坊主與西方的主教魚十分相似。海坊主又被稱為海和尚，因為牠圓潤光滑的腦袋總讓人想到佛教裡剃光頭的和尚。牠們住在大海深處，以掀起狂風驟雨為樂，處在風暴中心的船隻無一倖免。根據記載，牠們有的如一個龐然大物，立於高出海面十多公尺的地

方，有的則行走在海面上，像一個雙手合十的孱弱老者。某些人認為，海和尚是受苦難折磨的和尚死後靈魂的化身，牠們被淹死後成了惡靈，久久地徘徊在海上。有些人則認為牠們是無人哀悼的死者，化作幽靈離開墳墓後，最後來到大海，成了海裡的魚。

槍烏賊

對某些科學家而言，主教魚不過是人類幻想出來的產物，牠可能是由鰩魚變化而來的，也可能是被人拔掉長牙的海象。還有的人認為主教魚是另一種學名為冠海豹的海上生物，人們將牠誤認為是主教魚。冠海豹在以前又被稱為僧海豹，牠鼻子上長著可以膨脹凸出的附屬器官，形成頭頂上的肉球。伯納德．霍伊維爾曼認為，主教魚前伸的「主教冠」無法與頭部和軀幹保持在一條直線上，人們應該是將牠的頭與槍烏賊的頭混淆了，而且無論是魚鰭還是溺水者被泡爛的鬆弛皮膚，都有可能讓人聯想到漂浮的長袍。

Les rhinogrades

鼻行動物——擁有無所不能的鼻子

1941年，哈拉爾德．斯圖普克（格羅夫．斯坦納教授虛構人物）教授在太平洋上發現了一座人類從未涉足的島嶼，島上生活著一大批身分不詳的哺乳動物——鼻行動物。斯圖普克教授對自己的發現欣喜若狂，但他僅僅記錄下了牠們的形態與生活習性，因為很快島嶼就被原子彈炸了。威力巨大的原子彈把牠們的生活痕跡毀得一乾二淨，目前只剩下斯圖普克於1962年出版的手稿可以證明牠們的存在。

名字：鼻行動物
體形：長2公釐到1.3公尺
特點：用鼻子走路和捕食
食物結構：不詳
地理分布：哈伊艾伊群島、太平洋
棲息環境：草地、淡水或地下

愚人節的玩笑，抑或是被遺忘的珍寶？

雖然鼻行動物很晚才被人類發現，但是牠們一直在相對隔絕的環境中慢慢地進化。生存在小島上的牠們發展非常多樣化，有許多無法用解剖學解釋的生理特性。牠們當中個頭最小的是生活在皮斯-皮斯沙漠的南諾納斯，呈蠕蟲狀，身高均不超過兩公釐。體積最大的尤爾索納斯，牠長著顯眼的毛髮，身高最高可達1.3公尺。鼻行動物分散在15個科中，牠們從最原始的物種開始進化，最終演化出人類聞所未聞的形態：鼻變得專業化。

無所不能的鼻子

牠們的多分支鼻子異常發達，十分靈巧，而且富有藝術性，牠們能夠完成各種高難度動作。比如納索貝瑪（四鼻鼻行獸）能夠用鼻子行走，霍普索爾賀納斯可以憑藉鼻子一下蹦到三公尺之外。其他的還有哈南科羅納索斯①，牠的鼻子可以設置陷阱，引誘昆蟲粘在上面。「嘶嘶作響的吸鼻者」匍匐在河流上頭的樹枝上，從鼻子

總而言之，生物學家，我的好朋友，你忘了嗎，那些被描述得栩栩如生的事物其實是最不真實的。

——皮爾．保羅．格拉斯《鼻行動物的解剖學和生物學》序

《哺乳動物新秩序》1962年

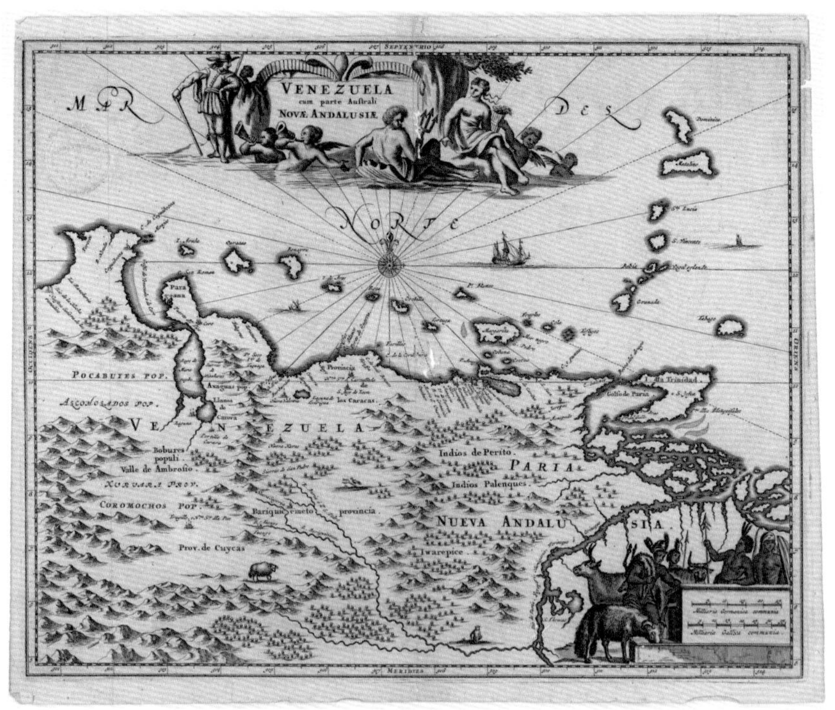

▲《委內瑞拉與新安達魯西亞南部》亨德里克．洪第烏斯 1612年 美洲國家組織哥倫布紀念圖書館

裡分泌出黏稠的液體，等待著過往的昆蟲以及小魚撞上來，最後只需用力一吸鼻子就可以飽餐一頓。長長的科爾布羅納索斯（似花鼻行獸），比起利用鼻子更善於利用垂直插在地上的長尾巴，牠就是這樣吊在半空中，隨著風輕輕地晃來晃去，等待著被牠花瓣狀的嘴吸引過來的昆蟲。一切都是如此完美，如此幸福，但有一個不便之處：總是固定在同一個位置的牠難以遇到配偶，只有等到風大之時，牠才能有幸遇到自己的另一半……

① 哈南科羅納索斯，在拉丁語中意思是猶如毛茛。

Le borametz

植物羊──究竟是動物還是植物？

植物羊有一根從地裡長出的莖稈或者根莖，那上面連著它的肚臍或者它身體的正中心。更讓人難以相信的是，當它周圍長滿草木的時候，它就成了置身牧場的羊。不過，當周圍的草都被它吃完以後，它只能等死了。

──克勞德．杜雷特《植物志》1605年

名字：植物羊
體形：高15～30公分
特點：動物性植物
食物結構：食草
地理分布：亞洲北部、俄羅斯、中國
棲息環境：草原

植物羊屬於動物性植物，又稱植蟲。1605年，克勞德．杜雷特曾在他的著作《植物志》中統計了植蟲的種類。一個世紀以後的1704年5月，博爾德隆神父在雜誌《一百個問與答》中將植物羊定義為「一種果子狀如羔羊的動物性植物，它靠一根肚臍固定在土地上，只有在根部允許的情況下才能移動位置。」植物羊柔軟的臍帶與大地相連，它可以將身子向地面傾斜以食用周圍的草木。但是，如果周圍的植物都被吃光了，受臍帶束縛困在原地的它便失去了食物來源，只能乖乖等死。

血肉之軀

其實關於植物羊還有許多不同的說法，在某些記載中，它是有血有肉的動物，就像真的羊一樣。另外，它還有味覺，它的鮮血如蜂蜜般甜美。德米里．德．拉克魯瓦在《花之婚姻》中提到，它的鮮肉如眾神的珍饈，它紅色的鮮血比世界上所有的酒都更甘醇。無論是人類還是狼，都十分喜歡食用植物羊的血肉。當地人在吃完肉飲完血以後，還會把它的皮毛帶回家，用來製作節日的盛裝。

欺騙的終結

儘管啟蒙時期的自然學家對神話傳說與怪力亂神進行了猛烈的攻擊，推翻了怪物存在的說法，人們還是樂此不疲地描繪來自俄羅斯或者中國的植物羊。1725年，著名的布雷恩博士出版了一本名為《植物羊》的書，書中提到他在仔細觀察了植物羊以後，發現「植物羊既不是動物生下來的，也不是由種子發育而來的，它更像是根莖或者莖稈的產物，在莖的上面，人們藝術性地加上了四足動物的臉」。植物學家一直在苦苦地尋找這種著名的植物。他們聲稱，在西伯利亞找到了一種類似的蕨類植物，它的莖稈上布滿了毛，讓人聯想到綿羊身上的毛。1812年，達馬則・雷蒙德從俄羅斯探險回來以後，在他的旅行日記中記下了這樣的話：「這種蕨類植物是在西伯利亞生長的，人們孜孜不倦地說著關於它的故事，將它命名為植物羊。」之後，該蕨類植物被正式命名為多足蕨屬植物羊，最終確定了它的身分。

▲《神話般植物羊》弗里德里希・賈斯汀・貝爾圖希《兒童相冊》1792年 柏林歷史藝術檔案館

Le dahu

達胡──只會單向行走的高山動物

名字：達胡

體形：高80公分

特點：四肢不對稱

食物結構：松針、漿果

地理分布：歐洲、美洲、非洲、亞洲

棲息環境：山區、高海拔地區的森林

達胡屬於偶蹄目有蹄類動物。牠的小尾巴呈弓箭狀，有獨一無二的畸形四肢：某一邊的腿比另一邊短。世界各地的人都對此深感震驚，紛紛想前去一探究竟，獵人們更是迫不及待地準備出發。阿爾卑斯山、洛磯山脈、吉力馬札羅山、喜馬拉雅山……幾乎所有的高山都有牠的蹤跡。在芬蘭的朱米亞-奧勒奇峽谷中，岩石上展現了達胡保持著某種不確定的平衡狀態。傳說在蘇格蘭，達胡則由於過於明顯的缺陷經常被捕，成為人們製作肉餡羊肚的食材。

普遍存在卻行動莫測

人們捕捉達胡甚至靠近牠的行動基本上都以失敗告終，於是人們開始質疑牠的存在。除了馬塞爾．賈卡，瑞士拉紹德封自然歷史博物館館長──研究達胡的世界

作為群居動物，達胡的行為模式明顯地表現出支配或被支配的關係……雄達胡之間為了爭奪雌達胡，常常發生鬥爭，雖然很短暫，卻十分殘忍──兩隻處於競爭關係中的達胡面對面交戰，第一隻蠢到轉身而失去平衡的達胡將墜下山坡。

──菲利普．波拉德（資訊工程師以及狩獵達胡者）1997年

級專家耐心地收集了所有能找到的資料：骨架、腳印以及一些皮毛。大量新證據的出現填充著他的收藏，激發著他研究的熱情。1995年4月1日，一場關於達胡的展覽終於對外開放了。大部分參觀者都抱著懷疑的態度走進來，在走出去時卻對牠的存在深信不疑。

當進化過度時……

達胡四肢畸形不對稱，主要是牠的生存環境造成的，牠一般只在高山的斜坡上活動。左腿比較短的達胡在斜坡上只能往右走，而右腿比較短的達胡則只能往左走。雖然這種自然進化方便牠們在高山行走，但也造成了很大的障礙──牠只能往一個方向走，根本不能轉身。一個不適時的轉身就會讓牠跌下山坡……另一個不便之處就是會影響牠們完成交配。達胡很少交配，因為牠們的相遇只能頭對頭或者背對背。對情愛的一切嘗試都像在進行一場大膽的冒險。當被愛情衝昏頭腦的雄達胡一不小心錯過了迎面而來的伴侶時，為了再次見到「心上人」，牠不得不重新繞著山跑一圈。

狩獵達胡

獵人一般會躲在灌木叢後窺伺著，等待達胡現身山頂。他會用哨聲輕輕地呼喚牠。由於有群居的生活習性，達胡非常高興有人對牠感興趣，然後就會轉身。一轉身，牠就失去了平衡。獵人只需要敞開牠的袋子，就可以將達胡套入其中。這個故事告訴我們：對於達胡來說，好奇心是最危險的。

La truite à fourrure

毛鱒魚—抵禦嚴寒的進化者

名字：毛鱒魚
體形：跟大鱒魚一樣
特點：抗寒
食物結構：不詳
地理分布：北美洲
棲息環境：冰河

毛鱒魚名字的起源很簡單，牠與傳統長滿鱗片的鱒魚不同，從頭到尾都覆蓋著一層厚厚的皮毛。就連最有經驗的漁夫也對此驚嘆不已。但是對於經常來北美的水域的人來說，這不過是一種適應自然的進化，是為了抵抗科羅拉多州、懷俄明州、蒙大拿州等地區的嚴寒。冬季結束的時候，牠身上的毛就會消失，直到下一個冬季重新長出來。有的漁夫卻認為這種變化根本不是優勝劣汰的自然進化，而是因為某個怪異的事件：1870年，一種刺激毛髮生長的東西被大量地投入了阿肯色河……不過，最終有人得出了比較科學的結論：水霉的出現導

FUR BEARING TROUT
Very Rare
CAUGHT WHILE TROLLING IN LAKE SUPERIOR OFF GROS CAP, NEAR SAULT STE. MARIE, DISTRICT OF ALGOMA
Mounted by ROSS C. JOBE, Taxidermist of Sault Ste. Marie, Ont.

▲《毛鱒魚》約1930年

致毛鱒魚的出現。這種微生物感染了鱒魚的皮膚，得了這種真菌病的鱒魚看起來就像長了濃毛一樣。

希肯的獵物

1929年5月，《蒙大拿野生動物》這本雜誌發表了J.H.希肯的言論，一時引起轟動。希肯是一個漁夫，他對天發誓自己在冰山湖裡捕捉到了一條毛鱒魚。他說，當時湖水非常涼，在捕撈牠的時候，好幾個魚鉤都壞掉了。最後，他終於將魚竿猛地一提，把魚鉤住了。他將魚放在掌心，因為怕河水與陸地的溫差太大，擔心魚受不了劇烈的溫度變化……但是沒有任何證據可以證明他故事的真實性。其他的漁夫則更加幸運，因為在五大湖地區，有好幾條被製成標本的毛鱒魚被當作戰利品掛在商店的牆上。

冰冷的河流

根據希肯的說法，鱒魚一旦脫了毛，只能放在溫度適宜的冰箱裡保存兩三個月。如果人們更想品嘗魚肉而不是把牠當冰塊使用的話，那就需要煮上好幾天，因為只有這樣才能將牠煮熟。至於牠的皮毛，人們既可以用來做帽子、手套，又可以製成披肩。用鱒魚皮毛做的披肩可以促進血液循環，淨化血液，甚至可以治療咽炎和甲狀腺腫。

冰山湖的水是如此寒冷，牠們總是處於低於零度的環境，大自然為了照顧牠的後代，將一身厚厚的皮大衣賜予了牠。

——一個遊客（跟著黑腳印第安人從蒙大拿懷特菲什活著走出來）

1929年5月

Le jackalope

鹿角兔──會喝醉的小動物

名字：鹿角兔
體形：高0.7～1.2公尺
特點：模仿人類的聲音
食物結構：不詳
地理分布：美國、加拿大
棲息環境：平原、密林

1820年，美國獵人喬治・麥克萊恩發現了一個奇怪的東西，他打開之前設下的陷阱時，突然看到一種長著鹿角的兔子溜了出來……他非常吃驚，丟下手裡的東西，一口氣跑了幾公里石頭小路，衝進小酒館裡向大家講述自己的經歷。可惜沒有人當真，人們懷疑他喝多了威士忌，或者是在路上撿到了什麼致幻的東西。直到1828年，人們才消除對他的誤解。另一個獵人懷爾德・比爾・沃勒向眾人講述，他在離懷俄明州道格拉斯城不遠處發現了相似的動物。根據傳說，鹿角兔來源於兔子與羚羊結合的產物。之後，道格拉斯城的人特地設立了一個「鹿角兔節」，道格拉斯城也就成了鹿角兔之城。

▶《在鹿角兔上放牛的考利》美国明信片

長著長耳朵的達胡

美國鹿角兔很快就受到了前所未有的關注，眾多遊客紛紛前來一睹為快。根據科學歷史學家彼得・丹斯所述，在二十世紀七十年代，黃石公園的遊客可以買到一種鹿角兔明信片，上面附有一個傳說：「一種長著鹿角的兔子，幾近滅絕，牠們可能只在懷俄明州高地出現過。」1975年，大英博物館哺乳動物學家達芙妮・希爾思提出，有一個法國人曾在蘇格蘭布拉馬地區的某櫥窗裡看過一隻鹿角兔，她認為那很可能是在野兔頭上固定了鹿角。

狩獵鹿角兔的故事

鹿角兔行跡隱祕，十分罕見，只在下著冰雹的暴雨時才會出現，而且牠基本上只在夜間出來活動。如此罕見的動物一方面引起了探險家的好奇心，另一方面也勾起了獵人的貪欲。月亮消失的時候，森林裡狩獵鹿角兔的行動就開始了。狩獵的情景跟狩獵達胡的情景頗為相似，但是鹿角兔更加聰明機警，因此不會輕易被抓到。相傳鹿角兔可以唯妙唯肖地模仿人類的聲音，牠正是利用這種天賦，發出錯誤的指引來誤導追捕者。但是，獵人還是找到了牠的致命弱點。他們團團圍在篝火旁歡聲笑語，躲在一旁的鹿角兔見到這種情景忍不住上前，獻上自己美妙的男低音。獵人們只需要把一小瓶威士忌擺在一邊，然後耐心等待鹿角兔飲用。他們知道，牠一定會喝得爛醉的……

Cowboy Punching Cattle on the Jackalope

1980年，美國總統隆納德·雷根帶記者參觀了他的大牧場。不喜言笑的他向在場的各位來賓介紹了他親自帶回來的戰利品——掛在牆上的鹿角兔標本。

Le skvader

松雞兔——瑞典梅代爾帕德的標誌

松雞兔是一個妥協者。作為哺乳動物與鳥類的混種生物，牠隱沒在瑞典的深山密林裡，相當於斯堪地那維亞版的達胡。傳說牠是野兔與公雞雜交產生的後代。牠的頭與身體的前半部分是兔子，後半部分則如松雞，長著一對翅膀。由於牠身體的畸形、不協調，牠的名字在瑞典語中的意思是「糟糕的妥協者」。

名字：松雞兔
體形：跟大野兔一樣
特點：膽怯怕生，長著翅膀
食物結構：不詳
地理分布：瑞典
棲息環境：森林、樹林

傳說的起源

松雞兔的存在直到1874年才第一次被證實，出現在松茲瓦爾的一個獵人哈坎·達哈馬克的日記中。他熱衷於收藏打獵得來的戰利品，沾沾自喜地將罕見的松雞兔納入他的收藏當中。幾年以後，在他的生日會上，眾好友贈送了一幅畫給他，畫中他擺好姿勢，站在他最引以為豪的獵物旁。他去世以後，這幅畫被贈給了松茲瓦爾歷史博物館。德高望重的院長邀請動物標本製作師再現畫

如果上帝消滅了人類想像出來的妖魔鬼怪，那人類世界還剩什麼有意思的事物呢？

伯納德·勒·博弈爾德·豐特奈爾《冥王星的判決》1825年

中的松雞兔。從1918年起，由魯道夫·格蘭伯格製作的松雞兔模型出現在歷史博物館永久收藏品的展覽中。每年都有成千上萬張以牠為原型製作的明信片被賣給參觀者，參觀者則將松雞兔的形象帶到世界各地。

更讓人覺得不可思議的事

就像鹿角兔成了懷俄明州的標誌一樣，松雞兔成了瑞典梅代爾帕德的標誌。1994年，人們在松茲瓦爾公園裡設立了一座松雞兔的雕像。很少有動物能如此流行，深受大眾喜愛，人們也因此非常喜歡吃「烤松雞兔」。1986年，一個小飯館開業了，它為聖誕節提供了許多美味的菜餚，其中就包括「烤松雞兔」。他們將兔肉用碎蔥、香芹、刺柏漿果以及攪拌好的奶油加以烹飪，再佐以黑森林的牛肝菌醬、茶子果凍以及上好的波爾多酒……

▲《松雞兔》亞歷山德羅·洛那提 2012年

參考書目

Bible Osty, « Livre de Job », traduction française sur les textes originaux par Émile Osty, avec la collaboration de Joseph Trinquet, Paris, Seuil, 1973.

ARISTOTE, *Histoire des animaux*, tome III, livres VIII-X, texte établi et traduit par P. Louis, Paris, Les Belles Lettres, 2002.

ATTÂR Farid-ud-Din', *La Conférence des oiseaux*, d'après la traduction du persan de Manijeh Nouri-Ortega, adaptation d'Henri Gougaud, Paris, Seuil, 2002.

BABOU Hippolyte, *Les Payens innocents, nouvelles par Hippolyte Babou. La Gloriette. Le Curé de Minerve. Le Dernier Flagellant. L'Hercule chrétien, Jean de l'ours. Histoire de Pierre Azam. La Chambre des Belles Saintes*, chap. IV « La Gloriette », Paris, Poulet-Malassis, 1858.

BARLOY Jean-Jacques, *Les Survivants de l'ombre*, Paris, Arthaud, 1985.

BIERCE Ambrose, *Le Dictionnaire du Diable*, traduction, notes et postface de Bernard Sallé, Paris, Payot-Rivages, 1989.

BORGES Jorge Luis, *Le Livre des êtres imaginaires*, avec la collaboration de Margarita Guerrero, Paris, Gallimard, coll. « L'imaginaire », n° 188, 1987.

CAZEILS Nelson, *Monstres marins*, Rennes, éditions Ouest France, 1998.

COX William T., *Fearsome Creatures of the Lumberwoods*, Washington, Judd & Detweiler Ine., 1910.

DELUZ Christiane, *Voyage auther de la Terre*, Paris, Les Belles Lettres, coll. « La Roue à Livres », 1993/2004

DU BARTAS Guillaume de Salluste, *La Sepmaine ou Création du Monde*, éd. Yvonne Bellenger, Paris, STFM, 4e éd., 1994.

DURET Claude, *Histoire admirable des plantes et herbes esmerveillables et miraculeuses en nature*, Paris, Nicolas Buon éditeur, 1605.

FLAUBERT Gustave, *Œuvres*, tome 1, Paris, Gallimard, coll. « Bibliothèque de la Pléiade », 1936.

FONTENELLE Bernard (de), *Œuvres de Fontenelle. Suite des Dialogues des morts et Jugement de Pluton…*, Paris, Salmon éditeur, 1825.

FOURNIVAL Richard (de), *Le Bestiaire d'amour suivi de La Réponse de la Dame*, d'après le manuscrit de la Bibliothèque impériale de Célestin Hippeau, Paris, Auguste Aubry éditeur, 1860.

GAUTIER Théophile, *Émaux et camées*, édition définitive avec une eau-forte par J. Jacquemart, Paris, G. Charpentier éditeur, 1872.

GORDON Pierre, *L'Image du monde dans l'Antiquité*, Paris, PUF, 1949.

HENNEBERT Jean-Baptiste François, *Cours d'histoire naturelle, ou Tableau de la nature considérée dans l'Homme, les Quadrupèdes, les Oiseaux, les Poissons et les Insectes*, tome cinquième, Desaint, Paris, 1770

HEUVELMANS Bernard, *Sur la piste des bêtes ignorées*, tome 1, Paris, L'Œil du Sphinx, 1955.

—, *Les Félins encore inconnus d'Afrique,* Paris, L'OEil du Sphinx, 2007.

HUGO Victor, *La Légende des siècles – La Fin de Satan – Dieu*, Paris, Gallimard, coll. « Bibliothèque de la Pléiade », 1950.

MANDEVILLE Jean (de), *Voyage (livre des merveilles)*, ms. Français 2810,Paris,Biblithèque nationale de France.

MARTY-DUFAUT Josy, *Les Animaux du Moyen Âge réels & mythiques*, Gémenos,Autres Temps, 2005.

MELLAND Frank, *In Witchbound Africa*, J.-B. Lippincott Company, London, Seeley, Service & Co., 1923.

MISSON Maximilien, *Nouveau Voyage d'Italie, fait en l'année 1688 : avec un mémoire contenant des avis utiles à ceux qui voudront faire le mesme voyage*, vol. 1, La Haye, Henry Van Bulderen éditeur, 1688.

NOLANE Richard D., *Sur les traces du yéti et autres créatures clandestines*, Toulon, Plein Sud, 1996.

► 《來自三種金屬的力量》細密畫《自然之冠》十六世紀 大英博物館

...se about goure and ... outcrome the ...
myselfe about me: which am the master of all stones importing or houlding out ago
uppon the ☿ answered unto it yes ☿ doe perfform my selfe about thee, for I hav
created thee, and on part of my will or can vivify many parts of thee and I am th
i me the Science is hidden

Three in one.

The Correction of Fooles

Chap 6

The Phylosopher sulpher is
to be uppon earth found by
those boddys ☉ and ☾ and in
certaine other ~~[illegible]~~ boddy
knows none unless it be reveal
him by God himselfe but in
it is more perfect because it
more digested and decoct

OVIDE, *Les Métamorphoses*, I, 209, traduction, introduction et notes par Joseph Chamonard, Paris, Garnier Flammarion, 1966.

PARÉ Ambroise, *Des monstres et prodiges*, édition critique et commentée par Jean Céard, Genève, Librairie Droz, 1971.

PLINE L'ANCIEN, *Histoire naturelle,* traduit du latin par Alfred Ernout, éd. bilingue français-latin, Paris, Les Belles Lettres, 1955.

POLO Marco, *Le Devisement du monde : le livre des merveilles*, nos 1 et 2, texte intégral établi par Arthur Christopher Moule et Paul Pelliot, version française de Louis Hambis, introduction et notes de Stéphane Yérasimos, Paris, La Découverte, 2011.

PRELUTSKY Jack, *La Nuit des dragons*, traduction de Cécile Wajbrot, Paris, Grasset & Fasquelle, 1996.

RABELAIS François, *Œuvres complètes*, édition établie et annotée par Mireille Huchon, avec la collaboration de François Moreau, Paris, Gallimard, coll. « Bibliothèque de la Pléiade », 1994.

RIMBAUD Arthur, *Œuvres complètes*, texte établi et annoté par André Rolland de Renéville et Jules Mouquet, Paris, Gallimard, coll. « Bibliothèque de la Pléiade », 1967.

RONDELET Guillaume, *Histoire entière des poissons*, préface François Meunier et Jean-Loup d'Hondt, Paris, CTHS, 2002.

SANDERSON Ivan T., *Investigating the Unexplained. A Compendium of Disquieting Mysteries of the Natural World*, Upper Saddle River New Jersey Prentice Hall, 1972.

STEINER Gerolf (Harald Stümpke), *Anatomie et biologie des rhinogrades, un nouvel ordre de mammifères*, Paris, Masson, 1962.

TERTULLIEN, *Œuvres*, traduction d'Eugène-Antoine de Genoude, seconde edition, Paris, Louis Vivès éditeur, 1852.

VORAGINE Jacques (de), *La Légende dorée*, traduction de T. Wyzeva, Paris, Librairie académique Perrin, 1917.

ZEMMOUR Joachim, *Poèmes choisis d'Alfred Lord Tennyson*, édition bilingue, Mazères, Le Chasseur abstrait éditeur, coll. « Lettres Terres », 2010.

引用文獻

L'extrait du poime « Autrcfois toutle monde croyait aux dragons» cité pages 24-25 est issu de Jack Prelutsky, *La Nuit des dragons*, traduction de Cécile Wajbrot, © Éditions Grasset& Fasquelle,Paris, 1996.

Le poème« L'éveil du Kraken» cité page 139 est issu de Joachim Zemmour, *Poèmes choisis d'Alfred Lord Tennyson*, © Le Chasseur abstrait, Mazères, 2010.

圖片來源

Agence martienne: 111 ; Alika Lindlergh, Musée de Zoologie Lausanne, Suisse : 145; Yves Bosson. Zentralbibliothek, Zurieh, Suisse, cote PAS II 1/4 : 169.

AKG, Paris : British Library : 6 ; De Agostini Pict. Lib. : 11 ; Roland et Sabrina Michaud : 14 ; akg-images : 8, 19 (détail), 21, 34-35, 67, 87, 163, 168, 181 (détail), 158 ; Electa: 50-51 ; Hervé Champollion: 90-91 ; Album/0ronoz: 126 ; Rabatti-Domingie: 151.

BnF, Paris : 22, 23, 28-29, 61, 77(détail), 94-95, 103, 113 haut, 139, 152-53, 138-139, 166, 170-171, 175.

Bridgeman : Fitzwilliam Museum, University of Cambridge, Grande-Bretagne ; 65 ;

Collection particulière, Ken Welsh : 108-109 ;

Columbus Memorial Library, Organization of American States : 179.

Heinrich Harder : 140.

John Carter Brown Library : 70.

Musée Condé, Chantilly, France : 148.

The Bodleian Library : 112.

The British Library : 120-121.

The British Museum : 17, 58.

the State Library of Victoria : 133.

Philippe Coudray: 68, 125.

Insitul de recherché et d'histoire des Texts/CNRS : Bibliothèque municipale de Dijon, ms 526, fol. 24 v°, Éruc Juvin : 59 (déitail).

Leemage : Costa : preface 4, preface 6, 100, 112-113 bas, 134, 155,
177 ; Ravenna : preface 9, preface 11 ; DeAgostini : 40, 107, 114-115 ;
Florilegius :45 ;Eleacta : 45 ; Fototeca : 83, 191 ;
Photo Josse : 104-105 ; Alessandro Lonati : 123, 189 ;
Jean Berbard : 172-173 ;Selva : 184.

Library of Congress : Library of Congress, Washington, États-Unis : 53, 57, 84.

O. Væring Art Library : 143.

Picture-Desk/The Art Archive : British Library : 15, Field Museum of Natural History, Chicago, États-Unis/Werner Forman Archive : 27 ; The Bodleian Library, Oxford, Grande-Bretagne : 75 (déitail).

The Met : 46-47

Rijksmuseum : Library Rijksmuseum/Amsterdan/Pays-Bas : 30-31.

RMN-GP : RMN/René-Gabriel Ojéda : 4, 24-25 ; Muséum national d'histoire naturelle/ Images du MNHN : 42, 71 , 93, 131, 149;RMN/ Christian Jean : 49, 156-157 ; RMN/DR : 128-129.

Scala Florence : The Pierpont Morgan Library/David Loggie, New York, États-Unis : 147.

Steven Noble : 133.

University of Aberdeen : Aberdeen Library : 62-63.

Université de Strabourg/SCD : 54 (déitail).

Couwerture : AKG, Paris : Werner Forman.

Iconographie réunie par Marie-Anne Méhay.

【世界妖怪圖鑑】奇幻動物

"

出　　版／楓樹林出版事業有限公司
地　　址／新北市板橋區信義路163巷3號10樓
郵 政 劃 撥／19907596 楓書坊文化出版社
網　　址／www.maplebook.com.tw
電　　話／02-2957-6096
傳　　真／02-2957-6435
作　　者／朱莉・迪爾夫
翻　　譯／溫詩媛
企 劃 編 輯／王瀅晴
審　　校／劉素芬
總 經 銷／商流文化事業有限公司
地　　址／新北市中和區中正路752號8樓
電　　話／02-2228-8841
傳　　真／02-2228-6939
網　　址／www.vdm.com.tw
港 澳 經 銷／泛華發行代理有限公司
定　　價／420元
初 版 日 期／2018年8月

國家圖書館出版品預行編目資料

世界妖怪圖鑑：奇幻動物 / 朱莉・迪爾夫
著；溫詩媛譯. -- 初版. -- 新北市：楓樹林
, 2018.08　面；　公分

譯自：Bestiaire imaginaire

ISBN 978-986-96694-0-5（平裝）

1. 妖怪

298.6　　　107010571